따라 하다 보면
나도 AI디자이너

따라 하다 보면

진짜 누구나 배울 수 있다!

나도 AI 디자이너

1

양현진 지음

누구나 디자이너가 될 수 있다

애플의 공동 창립자이자 전 CEO인 스티브 잡스(1955~2011)는 디자인을 매우 중요시했다. 디자인이야말로 제품의 기능과 사용자 간의 상호 작용하는 방식이라고 믿었기 때문이다. 애플에서 1984년 출시한 매킨토시 컴퓨터를 설계할 때 스티브 잡스는 모서리가 둥글고 친근하고 접근하기 쉬운 모양이어야 한다고 요구하기도 했다. 또한, 그는 제품에 고급스러운 느낌을 주기 위해 알루미늄 케이스와 같은 고품질 소재를 애플 노트북에 사용할 것을 고집했다. 잡스는 이렇게 말했다.

"디자인은 보이는 것과 느껴지는 것만이 아닙니다. 디자인은 작동하는 방식입니다."

세련되면서 직관적인 디자인과 사용자 친화적인 인터페이스로 유명한 오늘날의 애플 제품에서 이 철학이 드러나고 있다. 이렇듯 디자인은 우리의 삶과 깊은 관련이 있다. 주변 세계와 상호 작용하고, 공간을 탐색하고, 의사소통하고, 자신을 표현하는 방식이 바로 디자인이다.

그동안 사람들은 디자인을 창의성 높은 전문가들의 영역으로만 생각했었다. 그러나 AI의 등장으로 기존의 판이 완전히 바뀌고 있다. 누구나 쉽고 빠르게 디자인을 할 수 있는 시대가 온 것이다. 더 이상 오랜 시간 동안 디자인 작업을 할 필요가 없어졌다. AI에 몇 개의 텍스트만 입력하면 불과 몇 초 만에 높은 품질의 결과물이 나온다. 이 책을 집필하면서도 며칠 사이에 새로운 기술이 생겨나 AI의 엄청난 발전 속도를 실감하며 원고를 작성해 나갔다.

4차산업의 발전으로 사람들의 일자리가 위협받는다며 걱정하는 목소리가 나오고 있다. 그러나 실질적으로 AI의 중심에서 일하고 있는 내가 겪은 바로는 꼭 그렇다고만은 할 수 없다. 왜냐하면 AI는 위협적인 존재가 아닌, 공존하며 도움을 주는 존재이기 때문이다. 사람은 보통 혼자 일할 때보다 협조적인 동료와 함께 일을 할 때 더 놀라운 일을 해낼 수 있는데, AI가 바로 굉장히 협조적인 동료다. AI와 함께라면 그동안 혼자 할 수 없었던 수많은 일을 해낼 수 있게 된다. 단순하고 반복적인 일은 AI에 맡기고 사람은 관리자로서 더욱 복잡하고 창의적인 작업에 집중하면 되는 것이다.

이 책에서 다루고 있는 디자인 분야는 특히 AI의 역할이 중요하다. 앞으로 우리는 AI와 협력하여 지금보다 혁신적이고 기능적인 디자인을 만들 수 있다. 핵심은 AI가 인간의 창의성을 대체하는 것이 아니라 협력하는 동료로 바라봐야 한다는 것이다. AI는 우리의 아이디어를 발전시키고, 창의적인 아이디어를 제공해 주며, 다양한 테스트를 도와주는 존재다. 즉, AI는 똑똑한 개인 비서인 것이다.

그동안 책을 완성해 가면서 AI디자인에 대해 더 명확해졌고, 더 나아가 가능성을 확신하게 되었다. AI는 우리에게 위기가 아닌 엄청난 기회다. 이 책은 무궁무진한 AI디자인의 세계로 당신을 안내해 줄 것이다.

양현진 작가

목차

마침내 찾아온 AI, 세상을 변화시킨다!

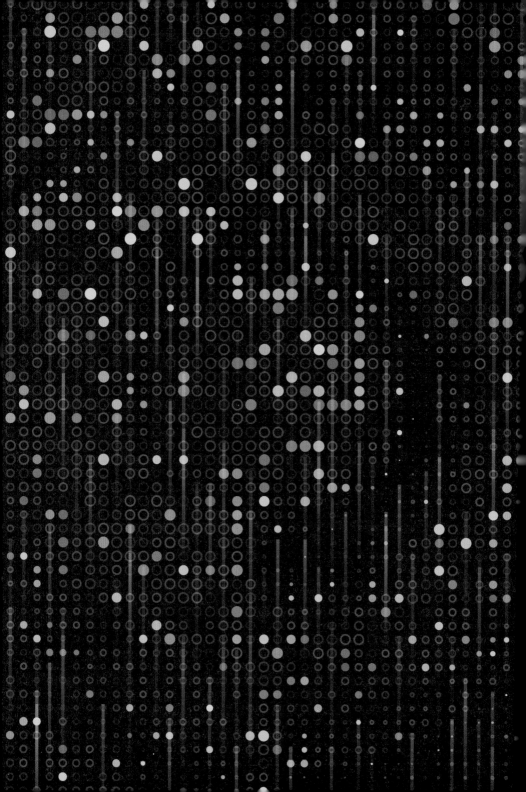

01

AI의 출현,
절대적인 기회

아이언맨을 본 적이 있다. 아이언맨은 다양한 분야에서 천재로 나오지만, 그 옆에는 말만 하면 정보를 찾아주고 안내해 주는 AI 프로그램 자비스가 있다. 아이언맨은 2008년 개봉한 마블 코믹스 원작의 영화다. 처음 1편을 봤을 때만 해도 자비스는 너무 먼 미래의 일, 지금의 현실과는 너무나 동떨어진 느낌이라 AI 자비스는 영화에서만 존재하는 것 같았다. 하지만 해를 거듭할수록 마블 시리즈에 아이언맨이 등장할수록 자비스는 점점 현실과 가까워졌다. 영화에만 등장할 것 같은 AI가 현실에서 실현되고 있다는 뜻이다.

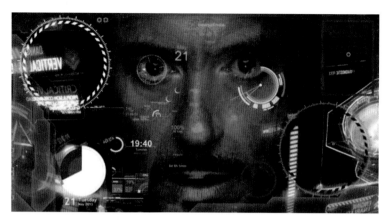

인공지능 비서 자비스

　인공지능 시스템인 자비스(JARVIS, Just A Rather Very Intelligent System)는 토니 스타크의 일정, 정보조사, 집의 보안시스템 등을 관리하는데 보조적인 역할을 수행한다. 자비스는 인간의 생각에 따라 작동하며, 다양한 데이터를 수집해 분석하고 토니가 원하는 정보를 제공하는 등 놀라운 기술력을 지니고 있다.

　요즘 AI에 관한 이야기가 많이 나온다. 그 내용을 들어보면 놀라운 성능에 감탄을 금치 못한다. 일상에서 접하는 매체에서도 연일 보도하고 있다. 엘리베이터, 차량, 전투기, 헬리콥터 등 다양한 기계를 조종할 수 있으며, 필요한 정보를 제공한다. 또한, 센서와 카메라 등을 이용해서 주위 상황을 모니터링하고 음성인식 기능으로 인간과 대화할 수 있다. 이렇듯 영화에서만 볼 수 있었던 자비스와 같은 인공지능을 현실에서 사용할 수 있는 시대가 도래한 것이다.

최근 AI로 가장 핫한 키워드는 ChatGPT다. 챗GPT는 출시한 지 5일 만에 100만 가입자를 돌파해 전 세계를 들썩이게 했다. 또한, 2개월 만에 다운로드 1억 명을 돌파해 틱톡의 기록을 쉽게 깼다는 이야기로 뜨거운 감자가 됐다. 얼마나 대단한 능력을 갖췄길래 전 세계가 들썩이는 것일까? 챗GPT에 대해서는 '02 피할 수 없는 AI의 물결(20p)'에서 더 자세히 다루도록 하겠다.

이외에도 AI는 이미지, 음악, 글쓰기 등 다양한 분야에서 놀랍도록 높은 퀄리티를 자랑하고 있다. AI와 대화가 가능해졌고, AI가 음악을 대신 만들어 주고 있다. 또한, AI가 시를 써주고 이제는 책까지 출판하는 단계까지 이르렀다. 실제로 챗GPT AI가 쓴 최초의 책《삶의 목적을 찾는 45가지 방법》이 출간되어 화제를 모으고 있다. 놀라운 점은 이 책을 만드는 데 7일밖에 걸리지 않았다는 것이다.

미국 미술 공모전에서 1등 상을 받은 작품인 〈스페이스 오페라 극장〉이 AI가 그린 그림이라는 것이 알려져 세상을 놀라게 했다. 인간의 고유 영역이라고 생각했던 예술의 영역까지 넘보고 있는 것이다.

AI를 이용하여 생성한 〈스페이스 오페라 극장〉

여기저기에서 AI가 대단하다고 하는데 AI란 도대체 무엇일까? AI는 인공지능(Artificial Intelligence)의 약자로, 인간의 지능을 모방하여 만든 기술이다. AI는 다양한 분야에서 활용되고 있으며, 이제는 인간의 뇌와 유사한 구조를 가진 인공신경망을 활용하여 더욱 높은 수준의 인공지능을 구현하고 있다.

요새는 인공지능(AI)이라는 용어뿐만 아니라, 프로그램, 머신러닝, 딥러닝 등등 다양한 용어를 종종 볼 수 있다. 쉽게 표현하자면, 프로그램은 시키는 것만 할 수 있는 학생, 인공지능은 우등생, 머신러닝은 다양한 문제집을 풀어본 학생, 딥러닝은 10년 치 족보를 공부한 학생이다. 당연히 시험을 가장 잘 본 학생은 10년 치 족보를 공부한 딥러닝이라는 학생일 것이다.

요리사를 예로 들어 프로그램, 인공지능, 머신러닝, 딥러닝에 관해 설명하자면 다음과 같다.

1. 프로그램: 레시피를 따라 하는 요리사

프로그래밍은 레시피를 작성하는 것과 유사하다. 프로그래머는 레시피(알고리즘)를 작성하고, 컴퓨터는 그 레시피에 따라 요리한다. 즉, 프로그램은 정해진 레시피대로만 움직이는 요리사와 같다. 요즘 음식점에서 이런 프로그램을 탑재한 로봇을 이용하여 24시간 운영하는 곳도 생겨나고 있다. 떡볶이, 볶음밥 등 간단한 재료만 있으면 프로그램에 입력된 재료의 종류, 재료의 양, 조리 시간과 온도 등에 따라 요리를 만들어 낸다. 뜨거운 불 앞에 있어도 끄떡없는 로봇이 지치지 않고 24시간 음식을 만들 수 있다.

2. 인공지능(AI): 요리에 대한 기본지식을 가진 요리사

인공지능은 프로그램을 발전시킨 개념으로, 컴퓨터가 지능을 가지도록 하는 기술이다. 인공지능은 여러 가지 요리법에 대한 지식을 가지고 있다. 재료나 소스 부족 등 문제가 생기면 비슷한 재료나 소스를 찾아서 대체할 수 있는 적절한 해결책을 찾는다. 이는 마치 요리에 대한 기본 지식을 알고 있는 요리사처럼 역할을 할 수 있다.

3. 머신러닝: 경력이 쌓인 요리사

머신러닝은 인공지능의 한 분야로, 컴퓨터가 스스로 학습하는 능력을 담당
한다. 오류를 줄이거나 결과를 개선하기 위해 지속적으로 데이터를 수집하
고 분석한다. 예를 들어 세계의 다양한 레시피를 학습하고, 새로운 레시피를
개발한다. 그중에서 실패와 성공 등의 다양한 패턴을 파악하고 이를 새로운
요리에 적용한다. 이 과정은 마치 요리사가 경험을 쌓아 더 나은 요리를 만들
어 가는 것과 유사하다.

4. 딥러닝: 입맛을 사로잡는 전문 요리사

딥러닝은 머신러닝의 한 분야로, 인공신경망(Artificial Neural Network)을
사용하는 학습 방법이다. 딥러닝은 복잡한 문제를 해결하는데 탁월하다. 예
를 들어, 세밀한 인간의 입맛을 파악하거나 음식의 질과 가치를 평가하는 능
력을 갖출 수 있다. 이처럼 딥러닝은 맛있는 요리를 만드는 전문 요리사와 같
다고 할 수 있다.

나날이 발전하는 AI 덕분에 우리는 프랑스 파리에 가지 않아
도 그곳에서 가장 유명한 쉐프의 요리를 국내에서도 먹을 수 있
는 날이 머지않았다. 상상만 해도 믿어지지 않는 현실이 펼쳐질
것이다. 그러나 일각에서는 AI의 발전에 따른 부작용을 걱정하는
사람들도 많다. 세계 곳곳에서는 이를 다룬 콘텐츠도 속속 제작
되는 상황이다.

영국 드라마 《HUMANS》에서는 인공지능 로봇이 인간 사이

에 보급되면서 겪는 갈등을 보여주는데, 가정부 로봇의 보급으로 변화하는 가정의 모습이 나온다. 여기에서 엄마는 자신의 자리를 로봇에게 빼앗기는 것 같아 불안해한다. 이를 눈치챈 가정부 로봇이 엄마에게 다음과 같이 말한다.

"제가 당신보다 아이를 더 잘 돌볼 수 있다는 건 명백한 사실이에요, 로라. 전 기억을 잊지 않고, 화내지도 않으며 우울해하거나 술이나 마약에 취하지도 않죠. 저는 더 빠르고, 강하며 관찰력이 더 뛰어납니다. 저는 두려움도 느끼지 않습니다. 하지만 전 그들을 사랑할 수는 없죠."

AI 기술이 놀랍도록 발전하고 있으나 인간의 감정을 대체할수는 없다. AI는 효과적으로 일을 수행할 수 있지만, 인간의 감정이나 상상력, 열정 및 감성 지능을 따라잡는 것에는 한계가 있음이 분명하다. AI에 명령어를 입력하는 것은 결국 인간이기 때문이다. 따라서 AI가 인간의 창의성을 대체하는 것이 아니라 보완하고향상시킬 수 있는 보조적인 도구로 활용하여 나아가야 한다. 기술에 잠식되어 먹힐지, 기술을 활용하여 훨훨 날아갈지는 우리들의 선택에 달려있다.

02

피할 수 없는
AI의 물결

다음 장에 나오는 두 장의 사진을 보자.

1900년도, 미국 뉴욕 맨해튼 5번가의 사진은 말이 끄는 마차들이 눈에 들어온다. 당시에는 자동차가 일반화되지 않았기 때문에 마차를 이용한 운송 수단을 이용하고 있었다.

그러나 13년 후인 1913년 뉴욕의 풍경은 극적으로 바뀌었다. 도로의 상징인 말과 마차가 거의 사라지게 된 것이다. 그 자리에는 자동차가 다녔다. 즉, 자동차가 대중화되면서 마차를 대신해 도로와 시장을 차지했음을 보여준다.

이 시기 동안 마부는 마차와 함께 역사의 뒤안길로 퇴장했다. 반면, 이 변화는 자동차 제조, 유통 및 운송 산업을 새롭게 탄생시켜 전례 없는 새로운 일자리를 다양하게 창출했다.

(위) 1900년 자동차 1대, (아래) 1913년 마차 1대

　역사는 반복된다. 최근 AI 기술의 발전은 과거의 마차가 자동차로 대체되는 것과 크게 다르지 않다. 오늘날에는 사람이 운전하는 자동차에서 인공지능 기술이 적용된 자율주행 자동차가 등장했다. 자율주행 자동차는 차량 스스로 주변 환경을 인식하고 운전을 자동으로 제어한다. 이처럼 발전이 계속되어 점점 운전자의 개입이 줄어들게 되면, 매년 수많은 교통사고가 방지될 것이며, 운

전하는 시간도 대폭 감소하여 장거리를 운전하는 시간 동안 운전자의 효율적인 라이프 스타일도 즐길 수 있게 될 것이다. 아마 앞으로는 자동차를 선택할 때 자동차 브랜드가 아닌, 인공지능의 브랜드를 보고 결정하게 될 날이 곧 오지 않을까 싶다.

마차에서 자동차로 대체되기까지 뉴욕 맨해튼은 13년이 걸렸다. 하지만 현재는 인공지능의 무서운 발전으로 자율주행 자동차로 대체될 날이 얼마 남지 않아 보인다. 자율주행 자동차뿐만 아니라 인공지능은 전 산업계에 막대한 영향을 미치고 있다. 이러한 인공지능 기술의 중심에는 챗GPT가 있다.

챗GPT는 거대 언어 모델 GPT(Generative Pre-Trained Transformer)라는 것을 기반으로 'OpenAI'라는 회사에서 개발했다. GPT라는 녀석은 단어와 문장 간의 패턴과 관계를 이해할 수 있도록 만들어졌다. 다시 말해 인간의 언어를 이해할 수 있는 것이다. 제작사는 이런 GPT에 많은 정보를 학습시켰다. 즉, GPT에 그림을 가르치면 화가가 되고, 음악을 가르치면 음악가, 글쓰기를 가르치면 작가가 될 수 있는 식이다.

마치 한식, 일식, 중식, 양식 등 각 분야에 특화된 전문 요리사가 만들어진 것과 유사하다. 요리사는 다양한 요리 기술 및 재료와 조리법에 대해 수많은 학습과 훈련을 받았고 지금도 학습하며 진화해 나가고 있다. 요리사가 레시피를 가져와 수정하고 새로운 요리를 만들 수 있는 것처럼, GPT는 텍스트 조각을 가져와서 수정하고 새로운 콘텐츠를 만들어 낼 수 있다. 즉, 우리가 먹고 싶은 메뉴를 요리사(AI)에게 주문하면(텍스트) 몇 초도 되지 않아 바로 맛있는 음식(이미지, 음악, 글)을 만들어 줄 수 있는 것이다.

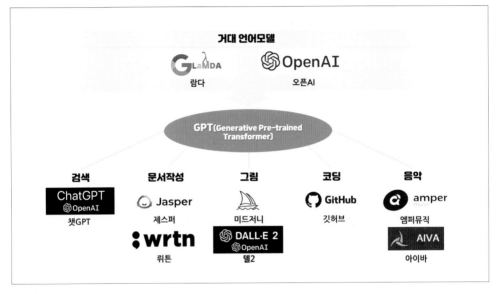

거대 언어 모델 제너레이티브(Generative) AI 프로그램 생태계

우리도 일상에서 쉽게 챗GPT를 활용할 수 있다. 예를 들면 제주도 여행 일정을 만들어 달라고 요청하는 것이다. 이를 실행하자 바로 3박 4일의 제주도 여행 일정을 알차게 만들어 주었다.

〈질문〉
3박 4일 제주도 여행 일정을 만들어줘. 맛집과 랜드마크를 포함해 줘.

1일차

☑ 도착 및 체크인 : 제주국제공항에 도착하여 예산 범위 내에서 원하는 숙소에 체크인합니다. 당신의 편의를 극대화하기 위해 제주시 근처의 게스트하우스나 저가 호텔에 묵는 것을 고려할 수 있습니다.

☑ 점심 : 전복죽과 해물 요리로 유명한 명진전복에서 점심을 먹습니다.

☑ 제주 러브랜드 : 어른을 주제로 한 예술을 특징으로 하는 독특하고 기발한 조각 공원인 제주 러브랜드를 방문해 보세요. 이 공원은 어른들에게만 적합합니다.

☑ 저녁식사 : 제주시 맛집 슬로비에서 맛있는 한국식 BBQ 요리 제공.

2일차

☑ 조식 : 숙소 또는 가까운 카페에서 조식을 즐기십시오.

☑ 성산 일출봉(해돋이봉) : 유네스코 세계문화유산인 성산일출봉으로 가서 멋진 경치를 감상하기 위해 정상까지 하이킹하세요.

☑ 점심 : 해돋이봉 근처 맛집 모음집 성산일출봉 푸드타운에서 지역 해산물을 먹어보세요.

☑ 만장굴 : 유네스코 세계자연유산이자 세계에서 가장 긴 용암동굴 중 하나인 만장굴을 탐험해 보세요.

☑ 저녁식사 : 제주식 국수로 유명한 올래국수에서 향토 음식을 경험해 보세요.

☑ 조식 : 숙소 또는 가까운 카페에서 조식을 즐기십시오.

☑ 한림공원 : 다양한 테마의 정원과 두 개의 용암동굴, 민속촌을 보여주는 아름다운 식물원 한림공원을 방문하세요.

☑ 점심 : 아름다운 경치와 함께 맛있는 이탈리아 요리를 제공하는 근처의 도나토 제주에서 식사하세요.

☑ 주상절리 : 화산활동으로 만들어진 극적인 해안암층인 주상절리 절벽의 자연적인 경이로움을 목격하세요.

☑ 저녁식사 : 해산물 요리와 멋진 바다 전망으로 유명한 레스토랑인 제주해물에서 맛있는 식사를 즐기십시오.

4일차

☑ 조식 : 숙소 또는 가까운 카페에서 조식을 즐기십시오.

☑ 오설록 차 박물관 : 한국의 차 문화에 대해 배우고 그림 같은 녹차밭을 탐험하기 위해 오설록 차 박물관을 방문하세요.

☑ 점심 : 이니스프리 제주하우스에서 점심식사하세요. 유기농 음식 옵션과 차밭의 경치를 즐길 수 있는 카페입니다.

☑ 제주 동문 전통시장 : 제주 동문 전통시장에서 기념품과 지역 별미를 쇼핑하며 마지막 오후를 보냅니다.

☑ 출발 : 출발을 위해 다시 제주 국제공항으로 향합니다.

이번에는 당장 주말에 볼 영화를 추천해 달라고 해보자. 챗GPT에 아래와 같이 액션 영화를 추천해 달라고 하면 인기 있는 작품 위주로 추천해 줄 것이다.

〈질문〉
주말에 2~3시간 정도 가볍게 볼 수 있는 액션 영화 추천해 줘.

〈챗GPT 답변〉
주말에 가볍게 즐길 수 있는 액션 영화를 몇 가지 추천해 드리겠습니다. 이 추천 영화들은 대부분 2~3시간 이내의 상영 시간을 가지고 있으며, 대중적인 인기를 얻은 작품입니다. (기억해 주세요, 제 지식은 2021년 9월까지의 것이기 때문에 그 이후에 나온 작품들은 포함되어 있지 않습니다.)
〈매드 맥스: 분노의 도로〉(Mad Max: Fury Road, 2015) - 포스트 아포칼립틱한 세계에서 벌어지는 격렬한 액션과 추격전을 즐길 수 있는 영화입니다.
〈킬 빌〉(Kill Bill, 2003) - 쿠엔틴 타란티노 감독의 스타일리시한 액션 영화로, 복수를 위해 퇴역 암살자가 무술과 칼질 액션을 선보입니다.
〈아이언맨〉(Iron Man, 2008) - 마블 영화계의 시작을 알리는 영화로, 로버트 다우니 주니어가 기술과 두뇌를 활용한 히어로로 활약합니다.
〈베이비 드라이버〉(Baby Driver, 2017) - 독특한 음악과 차량 추격전이 매력적인 범죄 액션 영화로, 드라이버가 도주차량을 몰며 특별한 스킬을 발휘합니다.
〈존 윅〉(John Wick, 2014) - 퇴역 킬러가 반격에 나서는 스토리로, 키퍼 서덜랜드의 액션 연기와 역동적인 전투 장면이 인상적입니다.
이 중에서 원하시는 장르나 감독의 작품을 선택하셔서 주말에 가볍게 즐기실 수 있습니다.

OpenAI에서 공개한 GPT의 첫 번째 버전인 GPT-1은 2018년 6월에 출시되었다. 그리고 GPT-2는 2019년 2월에, GPT-3는 2020년 6월에 출시되었다. 각 버전별로 업그레이드되어 출시되었는데, 이는 요리사의 능력이 더 향상되었다고 보면 된다.

이후 GPT 3.0 버전을 기반으로 많은 스타트 기업이 '제너레이티브(Generative, 생성형)AI 프로그램'을 개발하고 관련 서비스를 제공하고 있다. 여기서 제너레이티브AI란 학습과 훈련을 통해 특정 분야에서 전문가 수준으로 결과물을 만들 수 있는 프로그램을 말한다.

예를 들어 제너레이티브AI에게 특정 기능을 수행할 수 있는 코딩을 주문하면, 직접 코드를 작성해 준다. 따라서 개발자는 전반적인 구조만 설계하면 된다. 또한, 특정 주제로 파워포인트 문서를 작성해 달라고 요청하면 AI는 주제에 적합한 목차를 구성하고, 각 목차에 적합한 그림과 내용을 만들어 준다. 그것도 다양한 디자인과 형태로 말이다. 여기에 보고서의 데이터 조사, 사업 계획서, 글쓰기 및 교정, Excel 작업까지 지원한다. 고급 언어 기능 덕분에 챗GPT는 복잡한 작업을 이해하고 사람을 도와줄 수 있게 된 것이다.

한발 더 나아가 챗GPT는 전문적인 작업뿐만 아니라 일상생활에도 도움을 줄 수 있다. 법률 자문, 투자 안내, 건강 및 심리 상담, 진로 제안, 심지어 자동차 정비 상담까지 제공할 수 있다.

인공지능의 놀라운 능력은 창의적인 활동으로도 확장되었다. 블로그 및 기사 작성에서 노래 가사 및 소설, 시에 이르기까지 챗GPT의 다재다능함은 광범위한 예술 콘텐츠를 제작할 수 있도록 도와준다. 심지어 이전 작품들을 분석하여 전체 소설을 만들거나 주어진 주제를 기반으로 유튜브 비디오의 대본을 만들 수도 있다.

단, 챗GPT가 잘못된 정보를 제공할 수도 있으니 민감한 영역에서 상담받을 때는 사용자의 주의가 필요하다.

기존 버전보다 더 발전된 GPT-4는 2023년 3월에 출시되어 발전 속도는 더 가속화되고 있다. 인공지능 전문가들은 이런 기술 발달로 인해 우리 사회 전반에 큰 변화가 일어날 것이라고 예측하고 있다. 지금, 이 순간에도 인공지능은 끊임없이 진화하며 발전하는 중이다.

03

AI 이미지 디자인

지금까지 열거한 광범위한 AI 분야 중에서 내가 가장 관심 있게 본 것은 디자인이다. 디자인 분야를 떠올리면, 기본적으로 감각과 센스를 갖춘 사람이 어려운 디자인 프로그램을 배우고 자격증을 취득하거나 관련 학과를 전공한 사람들이 하는 한정된 역영으로 느껴졌다. 그러나 AI가 등장한 이후 많은 부분이 변화했다. 디자인을 배우지 않은 사람들도 그냥 텍스트를 입력하면 몇 초 만에 그림을 만들어 주는 세상이 되었다. 이건 디자인 분야의 혁신이라고 할 수 있다. 이를 〈제너레이티브AI〉라고 하는데, 이를 잘 활용하면 머릿속의 생각을 단 몇 초 만에 디자인으로 완성할 수 있다. 여기에 음성인식 기술이 접목된다면 그야말로 '입으로 일하는 시대'도 가능하게 되었다.

미드저니(Mid-Journey, 그림을 그려주는 인공지능)을
사용해 그린 그림(키워드 : 웰시코기, 판타지, 거대도시)

예전에는 디자인이 꽤 지루하고 반복적 일이 많았다. 또한, 디자인 감각이 없는 사람에게는 접근하기 어려운 영역이기도 했다. 그러나 AI 를 이용하면 반복적인 작업을 줄이고, 창의적인 일에 집중할 수 있다. AI가 디자이너 대신 방대한 데이터를 검토하고, 다양한 아이디어를 제공할 수 있기 때문이다. 그렇게 하면 디자이너는 중요한 결정을 내리고 프로젝트의 전반적인 방향을 이끌어가는 데 집중할 수 있다.

이런 직업을 'AI 프롬프트 엔지니어' 또는 'AI 프롬프트 디자이너'라고 한다. 프롬프트란 뒤에서 다시 설명하겠지만 AI가 알아들을 수 있도록 넣는 '명령어' 또는 '키워드'를 말한다. 즉, 'AI 프롬프트 엔지니어'란 어떻게 키워드를 넣어야 원하는 결과가 나올지 예측하고 적용할 수 있는 사람이다. 클라이언트가 원하거나 디자이너가 원하는 결과물을 위해 프롬프트 엔지니어는 AI에 프롬프트를 입력하는 것이고, AI는 이를 바탕으로 다양한 디자인을 보여준다. 이러한 것들은 디자이너에게 더 나은 결과물을 위한 아이디어로 작용할 수 있다. 그럼, 그중에서 마음에 드는 디자인을 선택하여 AI에 피드백을 제공하고, AI는 그 피드백을 기반으로 계속해서 새로운 디자인을 만들어 내는 것이다. 이렇게 되면 지루한 작업은 AI가 하고 디자이너는 중요한 결정을 내리는 데 집중할 수 있게 된다. 이는 마치 영화 나오는 인공지능 비서 '자비스'처럼 내일을 도와주는 정말 똑똑한 비서가 있는 것과 같다.

앞으로 인간은 오케스트라의 연주자보다는 지휘자 역할을 하게 될 것이다. 인간은 실제로 어떤 악기도 연주하지 않지만, 모든 연주가 잘 조화를 이룰 수 있도록 안내할 것이다. 다시 말해 인간이 실제 그림을 그리지 않지만 완성된 그림이 나올 수 있도록 리딩하는 역할을 한다는 의미다.

AI의 발전으로 인한 변화는 이미 우리 생활 곳곳에서 큰 파도처럼 몰려오고 있다. 그러니 AI가 가져올 새로운 가능성에 대해 준비하고 열린 마음을 갖는 것이 중요하다. 인간과 AI의 협업은 더 높은 효율성, 생산성 및 더 높은 품질이라는 결과로 이어질 것이다. 지금, 이 순간에도 AI는 대량의 데이터를 학습하며 성장하고 있다. 누군가에게는 두려움의 대상이 될 수도, 또 누군가에게는 이러한 변화를 기회로 삼아 나아갈 수도 있다. 하지만 앞으로 AI는 피할 수 없다. 이미 그런 존재가 되어 버렸다. 그렇다면 우리는 선택해야 한다. 변화 속에서 허우적댈 것인가, 파도를 즐기며 나아갈 것인가?

물론 피할 수 없다는 현실을 인지했다면, 답은 이미 정해졌다. 후자를 선택한 사람들이기에 이 책을 읽고 있는 것이라 생각한다. 필자는 변화에 한 발 더 다가가기 위한 사람들을 위해, 이러한 길도 있다는 걸 알려주기 위해 이 책을 집필했다.

<참고 - 이미지 생성 AI 활용 사례>

아래는 몇 가지 분야에 AI를 활용하여 이미지를 직접 만들어 본 샘플이다. 마치 사진을 보는 것처럼 정교하며, 매력적이고 신선한 디자인을 만들어 볼 수 있다.

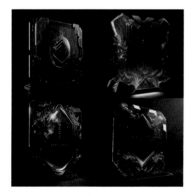

[1] 크리스탈 디자인

[2] 크리스탈 디자인

[1] 스타벅스 인테리어

[2] 스타벅스 텀블러 디자인

실내 인테리어 [1] 미래 스타일

실내 인테리어 [2] 사이버 스타일

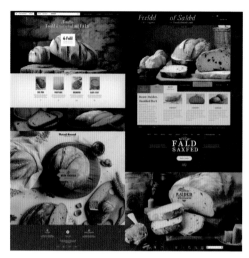

홈페이지 디자인 [1] 빵 홈페이지

홈페이지 디자인 [2] 나이키 신발 홈페이지

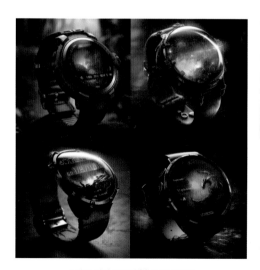

스마트 워치 디자인 [1] 판타지 워치

스마트 워치 디자인 [2] 수박 워치

따라 하다 보면 나도 AI디자이너

우리는 AI디자인을 통한 변화의 길로 들어가기만 하면 된다. 마음의 준비가 되었는가? 그럼, 이제 놀라운 AI디자인 세계로 들어가 보자. 지금껏 우리가 알지 못하는 사이에 AI를 활용한 이미지 제작 분야는 상당한 발전을 이루었다. AI 기반 도구를 사용하면 사람이 수동으로 작업하는 데 걸리는 시간보다 훨씬 짧은 시간에 놀랍고 사실적인 이미지를 만들 수 있게 된 것이다. 이는 디자이너가 창의력을 향상하고 고품질 이미지를 쉽게 생성할 기회를 제공한다. 포토샵, 일러스트 등 어렵고 비싼 디자인 소프트웨어나 디자이너 조직이 없이도 전문가 수준의 디자인을 빠르고 효율적으로 만들 수 있다. 평범한 직장인, 개인 유튜버, 블로거, 작가, 인플루언서, 패션 디자이너, 교육계 종사자 등 다양한 분야에서 AI디자인을 얼마든지 활용할 수 있다. 2권에서 설명하겠지만 AI를 이용하여 로고 제작, 섬네일, 아이콘 디자인, 책 표지, 패션 디자인, 교육자료(시각적 보조자료, 삽화) 등 활용할 수 있는 분야는 무궁무진하다.

PART

2

생존하려면
지금 당장
AI디자인을 배워라

01

초보도 할 수 있는
이미지 제작 AI 플랫폼

AI를 학습시켜서 이미지를 만든다? 우리가 지금 그것을 해야 한다? 물론 처음에는 어렵고 복잡하게 느껴질 수 있다. 모든 변화가 다 그렇듯. 하지만 걱정할 필요는 없다. 이미 잘 학습시켜 놓은 똑똑한 AI를 쉽게 사용할 수 있도록 만든 여러 가지 사이트가 있기 때문이다. 기존에 다양하게 학습을 시켜놓은 AI가 있고, 우리는 기기에 텍스트만 입력하면 된다. 그중에서도 초보가 충분히 활용할 수 있는 플랫폼 네 가지에 대해 알아보도록 하자.

1. Midjourney(미드저니) www.midjourney.com

미국 미술 공모전에서 1등 상을 받은 작품이 미드저니에서 제작한 것으로 알려지며 주목받기 시작한 플랫폼이다. 미드저니는 사용자가 입력을 반복적으로 수정하고 변경 사항에 따라 AI 생성 이미지가 어떻게 진화하는지 계속 눈으로 확인할 수 있다. 필자가 가장 추천하는 AI 이미지 생성 플랫폼이기도 하다. 그 이유는 뒤에 다시 설명하겠다.(90p 참고)

Discord 서버라는 곳에서 작동하며 봇 명령을 사용하여 이미지를 만든다. 이 플랫폼은 추상적인 개념을 아름답고 예술적인 삽화로 바꾸는데 탁월하다. 미드저니에는 다른 사용자의 창작물을 탐색할 수 있는 검색 엔진이 내장되어 있으며, PC에 설치하는 Discord 또는 브라우저 대시보드에서 작업을 할 수 있다. 이를 통해 사용자는 각 이미지를 생성하는 데 약 1분이 걸린다. 처음 25개 이미지는 무료이며 이후에는 일부 비용을 지불했으나, 2023년 4월부로 무료 이용이 중단되었다.

미드저니 화면

2. DALL-E2(델이) openai.com/product/dall-e-2

OpenAI에서 개발한 DALL-E2는 DALL-E의 업그레이드 버전으로 이미지를 생성하는 AI 모델이다. 델이는 실제 사진과 같은 사실적인 이미지를 만드는 데 능숙하다. 추상적인 입력을 해석하고 창의적이고 일관된 이미지를 생성할 수 있다. 특징으로는 기존 그림을 변경할 수 있는 인페인팅(Inpainting)이라는 특수 기능이 있는데, 사진에서 항목을 추가하거나 제거하고 조명을 조정하도록 요청할 수 있는 기능이다.

인페인팅(Inpainting) 기술(출처 : DALL-E2)

또한 정사각형 그림을 늘려 더 넓게 만들 수 있는 아웃페인팅(Outpainting) 기능이 있다. 늘린 공간에 다른 모양을 채워 넣을 수 있는 특징이 있다. 이 플랫폼은 웹 기반이고 사용자 친화적인 인터페이스를 제공한다. 다만 생성된 이미지의 저작권은 개인이 아닌 델이에서 가진다. 사용자는 가입 시 15 크레딧을 무료로 받을 수 있고(매월 15크레딧 무료로 부여), 이미지를 더 생성하기 위해서는 추가 크레딧을 구매해야 한다. 1024x1024 이미지를 생성하는 데 약 10초 정도 걸린다.

아웃 페인팅(Outpainting) 기술(출처 : DALL-E2)

3. Playground AI(플레이그라운드) playgroundai.com

Playground AI는 하루에 1,000개의 이미지를 무료로 생성할 수 있다. 사용자는 텍스트 설명을 입력하기만 하면 도구가 원하는 이미지를 생성한다. "Remove from image"라는 기능이 있어 이미지의 특정 요소를 제거하는 옵션이 있다. 예를 들어 이미지의 밝은 느낌을 원하면 어두운 느낌을 여기서 빼면 된다. 또한 사용자는 입력한 키워드의 가중치를 제어할 수 있는데, 쉽게 말해 가중치가 높을수록 만들어지는 이미지가 키워드에 더 영향을 많이 받는다.

Playground AI 화면

4. NovelAI(노벨AI) novelai.net

NovelAI는 소설을 써주는 AI지만 이미지도 만들어 준다. 키워드를 입력하면 퀄리티 높은 애니메이션 이미지를 만들어 유명해졌다. 무료 버전은 스토리를 만드는 기능만 사용할 수 있다. 월 요금제에 따라 일정량의 크레딧을 제공받는다. 이미지를 만들 때마다 크레딧을 차감하는 방식이다.

노벨AI로 만든 이미지

[표] 이미지 제작 AI 플랫폼

플랫폼	특징	제작회사	사용 난이도
Midjourney	○ PC에 설치하는 Discord 또는 웹에서 사용 ○ 이미지를 계속 진화시키는 과정을 눈으로 확인 가능 ○ 추상적인 개념을 이미지로 생성	Midjourney	중간
DALL-E2	○ 사실적인 이미지를 생성 ○ 인페인팅(Inpainting), 아웃 페인팅(Outpainting) 기능	OpenAI	높음
Playground AI	○ 1,000개 이미지를 무료로 생성 가능 ○ 다양한 학습 모델을 사용(Stable Diffusion, DALL-E2)	Playground AI	낮음
NovelAI	○ 소설을 써주는 AI지만 퀄리티 높은 애니메이션 이미지를 만들어 줌	NovelAI	중간

지금부터는 위에 나온 사이트를 활용하여 이미지 만드는 방법을 알아볼 것이다. 초보자를 위해 상세히 설명해 두었다. 겁먹지 말고 하나하나 따라 하다 보면 AI를 이용하여 이미지를 만들 수 있게 될 것이다. 만약에 막힌다면 막히는 곳에서 끙끙대지 말고, 주저 없이 다른 사이트로 가서 시도해 보자. 네 가지 모두 자세히 설명해 두었으니 자신 있게 실행하면 된다.

Midjourney
(미드저니)

1. 미드저니 시작하기

미드저니 사이트에 접속한다. (링크 주소 : www.midjourney.com)

미드저니 첫 화면

접속하면 어지러운 화면이 나오는데 메뉴 중 [Join the Beta]

버튼을 클릭한다.

다음과 같은 화면이 나오면 원하는 사용자 이름을 입력한다.

미드저니 사용자 입력 화면

사람임을 확인 체크

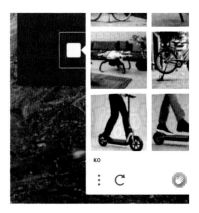

제시하는 조건의 그림을 선택

생년월일 입력

이메일과 비밀번호 입력

화면의 지시에 따라 계정을 확인한다. 이렇게 하면 Midjourney Discord 서버에 대한 접속 권한이 부여된다. Midjourney는 웹으로 접속하거나, PC 프로그램/모바일 앱으로 설치하는 Discord 프로그램을 통해서 이용할 수도 있다. 제대로 사용하기 위해서는 웹보다는 Discord 프로그램을 설치하여 사용하는 것이 좋다.

미드저니 Discord 프로그램 설치 링크
https://discord.gg/midjourney

2. 이미지 만들기

Midjourney Discord 서버에 로그인하고 왼쪽의 배 모양의 아이콘을 클릭한다. 여러 메뉴 중 "newbies" 탭을 클릭한다.

로그인 후 "newbies"에 접속한 화면

"newbies" 중에서도 여러 번호가 매겨져 있다. 여러 사람들이 그림을 그리는 몇 개의 채널이라고 보면 된다. 그중 아무거나 선택해 본다.

하단의 채팅창에 '/imagine'을 입력하면 바로 위에 'prompt'라는 박스가 나타난다. 이때 스페이스바를 누르면 채팅창에 '/imagine prompt'로 표시되고 그 옆에 커서가 깜빡인다. 지금부터 텍스트를 넣으면 된다.

'/imagine prompt' 채팅창 화면

만들고자 하는 이미지를 영어로 쓰고 Enter 키를 누른다. 영어에 익숙하지 않다면 '파파고'나 'DeepL' 번역기 등을 통해 한글을 영어로 전환해 주는 번역기를 쓰면 된다.(104p 참고) 처음 사용하는 경우 서비스 약관 동의에 대한 오류 메시지가 표시될 수 있다. 계속하려면 "Accept Tos"를 클릭한다.

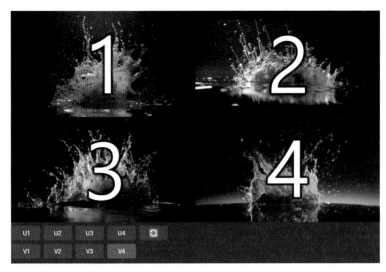

생성된 이미지(1~4)

/imagine prompt : beauty of a water splash explosion, sparkling videogame vfx spell, neon galaxies, crisp reflections under soft lighting using a Canon 35mm lens for hyperrealistic photography --ar 16:9

미드저니에 프롬프트를 입력하면 위와 같이 4가지 이미지를 만들어 준다. 그리고 하단에 'U1~U4', 'V1~V4'버튼이 각각 4개 씩 표기된다. U는 업스케일링(Upscale), V는 베리에이션(Variation) 을 뜻한다. 업스케일링(Upscale)은 해상도를 높여주는 기능이다.

베리에이션(Variation)은 선택한 이미지의 기본적인 스타일을 유지하면서 부분적인 변화를 주는 기능이다. 4개 이미지 중에 원하는 스타일이 있다면 해당 이미지 번호의 V를 누르면 된다. 그럼 선택한 이미지에 조금씩의 변화를 주는 또 다른 4개의 이미지를 제공해 준다. 마음에 드는 이미지가 있다면 해당 번호의 U 버튼을 클릭하여 해상도를 높여준다.

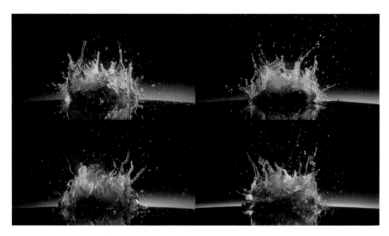

4번 이미지를 베리에이션(Variation)

2번 이미지를 업스케일링(Upscale)

따라 하다 보면 나도 AI디자이너

3. 이미지 저장

U 버튼까지 누르면 미드저니에서 선택한 이미지의 확대 버전을 보여준다. 이미지를 클릭한 다음 하단의 '브라우저로 열기'를 클릭한다. 그다음 마우스 오른쪽 버튼을 클릭하여 PC에 이미지를 저장한다.

이렇게 간단한 단계를 따르다 보면 처음이라도 쉽게 미드저니를 사용하여 멋진 이미지를 만들 수 있다. 처음에는 Discord 채팅창이 어색할 수 있다. 그래도 사용하다 보면 친숙해질 것이다.

DALL-E2(델이)

1. DALL-E2 시작하기

델이 사이트에 접속한다.

(링크 주소 : openai.com/product/dall-e-2)

[그림 2-3-1] DALL-E2 첫 화면

따라 하다 보면 나도 AI디자이너

DALL-E2에 가입하지 않은 신규 사용자는 페이지 오른쪽 상단에 있는 [SIGN UP] 버튼을 클릭하여 계정 생성 화면에 접속할 수 있다. 여기에서 이메일 주소를 사용하여 가입하거나 Google 또는 Microsoft 계정을 선택할 수 있다. 본문에서는 구글 계정을 통한 접속 예시를 통해 안내하겠다.

[그림 2-3-2] 로그인 화면

[그림 2-3-3] 구글 로그인 화면

[그림 2-3-4] 구글 패스워드 입력 화면

위 순서대로 로그인하였다면 Welcome to DALL-E2 팝업 화면이 나타난다. Continue 버튼을 누르면 약관과 콘텐츠 정책에 동의하는 것으로 간주한다.

DALL-E2의 환영을 받으면 다음 화면에 사용 첫 달에 대해 50크레딧을 받았다고 표시된다. 이 크레딧이 소진되면 매월 15크레딧이 자동으로 다시 채워진다. 추가 크레딧 구매에 대한 자세한

[그림 2-3-5] DALL-E2 웰컴 화면

내용을 보려면 "Learn More" 버튼을 클릭하여 알아볼 수 있다. 바로 시작하고 싶다면 "DALL-E로 만들기 시작" 버튼을 클릭하여 DALL-E2를 즉시 사용할 수 있다.

DALL-E2 시작하기 화면

2. 이미지 만들기

　　로그인 이후에는 프롬프트를 입력할 수 있는 화면이 나타난다. 프롬프트 창에 원하는 텍스트를 입력하면 그에 맞는 이미지를 생성해 준다.

델이 프롬프트 입력 화면

프롬프트 "Cute Welsh Corgi Puppy" 입력 화면

04

Playground AI
(플레이그라운드)

1. 플레이그라운드 시작하기

플레이그라운드 사이트에 접속한다. (링크 주소 : playgroundai.com)

플레이그라운드 첫 화면

플레이그라운드에 가입하지 않은 신규 사용자는 페이지 오른쪽 상단에 있는 [SIGN UP] 버튼을 클릭하거나, 중앙에 있는 [Get Started]를 클릭하여 가입화면에 접속할 수 있다. 여기에서

따라 하다 보면 나도 AI디자이너

이메일 주소를 사용하여 가입하거나 Google 또는 Microsoft 계정을 선택할 수 있다. 본문에서는 구글 계정을 통한 접속 예시다.

로그인 화면

위와 같이 로그인 화면이 나타나면 [Continue with Google]을 클릭 후 가입 절차를 따르면 된다. 그럼, 이미지를 제작할 수 있는 화면이 다음과 같이 나타난다.

플레이그라운드 이미지 제작 메인 화면

2. 이미지 만들기

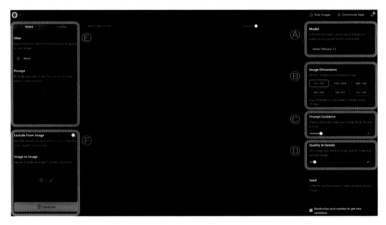

플레이그라운드 이미지 제작 화면

　기본 세팅 값으로 바로 이미지를 만들고 싶다면 왼쪽 프롬프트 창에 텍스트를 입력하고, 왼쪽 하단에 [Generate]를 클릭하면 이미지가 생성된다. 그림에 나와 있는 알파벳 A부터 F까지 하나씩 설명하면 다음과 같다.

A : Model

플레이그라운드에서 그림을 그
릴 모델을 선택할 때 사용자는 세 가
지 옵션을 고려해야 한다. 숫자가 높
을 수록 최신 사양에 가까운 것이다.
보통은 기본값인 Stable Diffusion
1.5로 진행하는 것을 추천한다.

Model

B : Image Dimensions

적절한 크기를 선택할 때 더 큰 크기를 선택하고 필요에 따라
축소하는 것이 좋다. 큰 이미지를 생성할 때는 시간이 더 오래 걸
릴 수 있다.

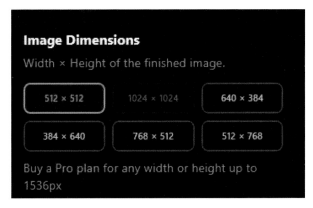

Image Dimensions

C : Prompt Guidance

Prompt Guidance는 AI가 생성한 이미지가 입력한 텍스트나 태그와 얼마나 일치하는지 묻는 기능이다. 숫자가 높을수록 텍스트에 더 비중을 둔 이미지가 제공된다. 일반적으로 1에서 7 사이의 숫자를 선택하면 충분하다. 더 높은 숫자를 선택해도 큰 이점은 없으며 이미지를 생성하는 데 필요한 처리 시간이 늘어날 수 있다.

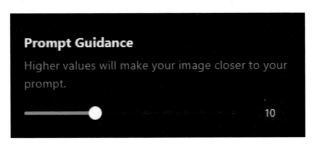

Prompt Guidance

D : Quality & Details

플레이그라운드에서 Quality & Detail 매개변수는 생성된 이미지의 세부 수준과 품질을 제어하는 데 사용된다. 이 매개변수

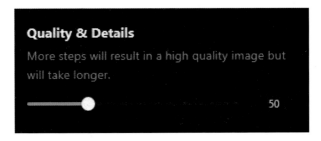

Quality&Details

따라 하다 보면 나도 AI디자이너

를 높이면 출력 품질이 높아지지만, 이미지를 생성하는 데 필요한 시간도 늘어난다. 또한 이 매개변수가 너무 높게 설정되면 사용자에게 유료 Playground Pro 플랜으로 전환하라는 메시지가 표시될 수 있다.

일반적으로 무료 요금제 내에서 이미지 품질과 처리 시간의 균형을 맞추려면 Quality & Detail을 50 이하로 설정하는 것이 좋다.

E : Filter, Prompt

필터는 플레이그라운드에서 이미지 스타일을 수정하는 데 사용할 수 있다. 기본 스타일을 선택하면 해당 필터 이름이 프롬프트 시작 부분에 자동으로 추가되어 원하는 스타일과 일치하는 이미지를 생성할 수 있다.

프롬프트는 AI 이미지를 생성하는 데 중요한 요소다. 프롬프트에서 단어와 태그가 표현되는 방식은 결과 이미지에 큰 영향을

Filter, Prompt

미칠 수 있다. 먼저 필터를 사용하여 스타일을 선택한다. 그런 다음 그림에 대한 문장이나 설명을 입력한다.

Exclude from Image는 생성된 이미지에서 원하지 않는 요소를 제거하는 기능이다. 기본적으로 비활성화되어 있지만 활성화 시킬 수 있다. 이 옵션을 사용하면 이미지에 원하지 않는 요소를 제거하고 생성된 이미지의 전반적인 품질을 향상하는 데 도움이 될 수 있다.

Image-to-Image 기능을 사용하면 참조 이미지와 유사한 구조 또는 포즈로 이미지를 생성할 수 있다. 원하는 이미지의 형태나 포즈를 스케치하여 선택한 모델로 생성할 수 있는 것이다.

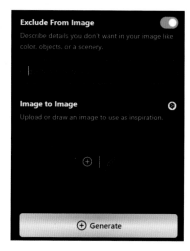

Exclude from Image, Image to Image, Generate

최종적으로 프롬프트를 입력하고 왼쪽 하단에 [Generate]를 클릭하면 몇초 후 이미지가 가운데 화면에 생성된다.

이미지 생성 화면

NovelAI
(노벨AI)

NovelAI는 구독이 필요한 유료 서비스다. 구독하면 사용자는 매월 "Anlas"라는 일정 금액의 통화를 받으며 이미지를 생성하는 데 사용할 수 있다. 기본 계층 구독료는 이미지당 5 Anlas이며 매월 1,000 Anlas가 포함된다.

1. 노벨AI 시작하기

노벨AI 사이트에 접속한다. (링크 주소 : novelai.net)

노벨AI 첫 화면

오른쪽 위 [Login]을 클릭한다.

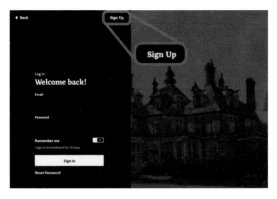

로그인 화면

이어 나오는 창에서 우측 상단 [Sign Up]을 클릭한다.

회원 가입 화면

회원이 되려면 가입 버튼을 클릭하고 지정된 필드에 이메일, 이메일 확인, 비밀번호, 비밀번호 확인을 입력하면 된다. 회원 등록이 차단되어 있을 경우 "Error: Forbidden"이라는 오류 메시지가 표시될 수 있다. 정상적으로 등록이 되었다면 다음 페이지로 넘어간다.

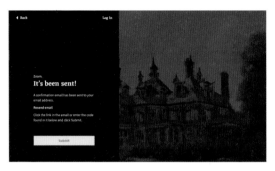

이메일 확인요청 화면

가입 절차를 완료하면 계정과 연결된 이메일 주소를 확인하라는 메시지가 표시된다. 가입할 때 사용했던 이메일의 받은 메일을 확인해 보면 노벨AI로부터 메일이 수신되어 있는 것을 확인할 수 있다.

노벨AI로부터 받은 인증확인 메일

가입 확인 이메일을 받으면 제공된 링크를 따라 'here'를 클릭한다. 이메일 인증이 완료되면 로그인이 가능하다고 나온다.

따라 하다 보면 나도 AI디자이너

인증 완료 화면

만약 'here'를 클릭한 뒤에도 인증 완료가 되지 않는다면 아
래 그림처럼 이메일의 인증코드를 복사하여 인증 확인 화면에 붙
여넣기를 하면 된다.

이메일의 인증 코드 복사 & 붙여넣기

2. 노벨AI 구독 방법

노벨AI에 로그인하고 페이지의 오른쪽 상단 모서리를 클릭해 보자.

로그인 후 화면

세 가지 옵션이 나오며 아직 구독하지 않았다는 메시지가 나온다. Take me there(구독하기), Activate a Gift Key(선물 키 활성화), No, take me back!(아니오, 돌아갈게요!) 이렇게 세 가지가 표기된다. 노벨AI를 구독하려면 첫 번째 옵션인 Take me there를 선택한다.

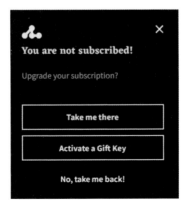

구독 가입 화면

따라 하다 보면 나도 AI디자이너

구독 종류는 Tablet, Scroll, Opus로 나눠지며 각각 가격과
혜택이 다르다. Tablet 요금제는 월 10달러이며, 페이팔이나 국제
결제가 가능한 카드가 필요하다. 또한 구독료가 10달러를 유지하
더라도 환율이 변동될 수 있음을 유의하자.

구독 종류

노벨AI 활용 용도에 따라 적절한 구독 서비스를 선택하면 된
다. 초반에는 가장 저렴한 Tablet으로 시작하길 추천한다.

구독 신청 화면

3. 이미지 만들기

노벨AI에 로그인하고 가입한 후 화면 하단의 [Generate Images]를 클릭한다. 그럼, 아래와 같은 작업 창이 나온다.

이미지 생성 화면 접속

왼쪽 프롬프트 창에 텍스트를 입력하고 왼쪽 하단에 [Generate Image]를 클릭하면 중앙에 이미지가 생성된다.

프롬프트 "Cute Welsh Corgi Puppy" 입력 화면

따라 하다 보면 나도 AI디자이너

노벨AI의 특이한 기능이 있다. 간단하게 손으로 그린 그림을 재구성해 준다는 점이다. 아래 그림처럼 [Add a Base Img(Optional)]의 펜 모양을 클릭하면 그림을 그려주는 창이 나타난다.

Add a Base Img 기능

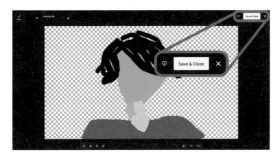

손으로 그린 얼굴

위 그림처럼 도구를 활용하여 간단한 얼굴 모양을 그린 뒤, 오른쪽 상단에 [Save & Close]를 클릭하여 이전 화면으로 되돌아가 보자. 그리고 프롬프트 창에 잘생긴 남자 얼굴과 관련된 텍스트를 입력하고 이미지를 생성하는 것이다.

a handsome male face with sharp, defined features, strong jawline, high cheekbones, and piercing eyes. The hair should be styled in a slicked-back manner, and the overall expression should convey confidence and masculinity. Use warm, natural tones for the skin and add subtle shadowing to enhance the depth and dimension of the features

날카롭고 뚜렷한 이목구비, 강한 턱선, 높은 광대뼈, 그리고 날카로운 눈을 가진 잘생긴 남자 얼굴. 머리는 뒤로 슬릭백으로 스타일링해야 하며, 전체적인 표현은 자신감과 남성미를 전달해야 한다. 피부에 따뜻하고 자연스러운 톤을 사용하고 은은한 음영을 추가하여 기능의 깊이와 치수를 개선

손으로 그린 얼굴을 노벨AI가 다시 그려준 이미지

노벨AI는 특히 애니메이션풍의 캐릭터 이미지를 생성하는 데 특화되어 있다. 아래와 같이 프롬프트를 입력하면 멋진 이미지를 얻을 수 있다.

a beautiful woman with long flowing hair and a serene expression on her face. She is wearing a white dress and is surrounded by a garden full of colorful flowers. The setting is bathed in warm sunlight with a gentle breeze blowing her hair.

긴 머리에 평온한 표정을 짓고 있는 아름다운 여자. 그녀는 하얀 드레스를 입고 있고 화려한 꽃들로 가득한 정원에 둘러싸여 있다. 그녀의 머리카락을 불어대는 산들바람과 함께 그 배경은 따뜻한 햇볕에 씻겨 있다.

AI 프롬프트 엔지니어가
알아야 할 정보

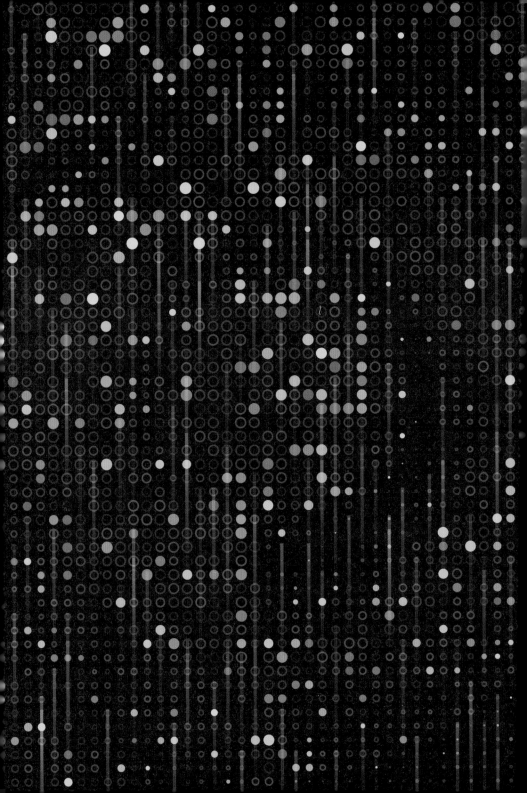

인공지능은 어떻게
이미지를 만드는가?

인공지능을 이용한 디자인 기술은 우리가 알고 있는 세상을 획기적으로 변화시키는 흥미진진한 기술이다. AI가 어떻게 사실적인 이미지를 만드는지 기본 원리를 살펴보자.

1) 인간의 뇌 구조와 비슷한 AI

인간의 뇌는 뉴런이라는 세포가 서로 연결되어 있다. 뉴런 세포는 서로 신호를 주고받으며 정보를 받아들이고, 학습하고, 결정을 내릴 수 있다. 뉴런 세포처럼 AI는 신경망(Neural Networks)이라는 것이 서로 연결된 구조로 되어 있다. 신경망끼리 서로 통신하여 정보를 학습하고 처리할 수 있도록 도와주는 것이다.

예를 들어, 주말에 밖에 나가서 놀지 집에서 쉴지 결정을 도와주는 건물(신경망)이 있다고 가정해 보자. 1층(레이어)의 각 101호

(뉴런1)에서는 날씨를 체크하고, 102호(뉴런2)는 온도, 103호(뉴런3)에서는 집 안 청소 여부와 같은 정보를 처리한다. 각 정보를 처리했으면 2층(숨겨진 레이어)에서는 1층의 받아온 정보를 처리한다. 2층에서는 격렬하게 토론하고, 정보를 결합, 패턴을 식별해서 종합적으로 이해하는 과정을 거친다.

"음~ 날씨도 좋고 온도도 적당해. 집도 크게 지저분하지 않네."라고 이해한다. 마지막으로 3층(출력 레이어)에서는 2층에서 받아온 정보를 기반으로 최종 결정을 내린다. "좋아. 나가서 놀자"

AI의 신경망은 정보를 처리하고 결정을 내리기 위해 함께 일하는 친구 그룹과 같다. 이 친구들은 각 층에서 자신의 역할을 충실히 수행하고 있다. 이를 빌딩 블록 : 신경망(The Building Blocks: Neural Networks)이라고도 한다.

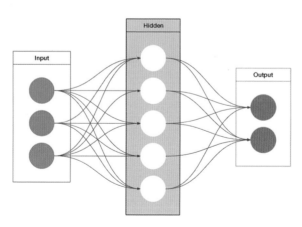

The Building Blocks of Neural Network 이론 설명 구조도

2) 어린아이 같은 AI 훈련 시키기 : Training and Data Sets

어린아이에게 다양한 종류의 과일을 인식하고 그리는 방법을 가르친다고 생각해 보자. 엄마는 사과, 바나나, 오렌지와 같은 과일 사진을 많이 보여주고 특징을 설명해 준다. 많은 그림과 설명을 제공할수록 아이는 과일의 색깔, 특징, 모양을 구분하고 인식할 수 있게 된다. AI가 이미지를 생성하려면 어린아이에게 가르치는 것처럼 먼저 훈련을 시켜야 한다. 훈련에는 수많은 이미지를 신경망에 보내줘야 하는데, 사과 하나를 가르치더라도 수천 개의 사과 이미지를 제공해 줘야 하는 것이다. 시간이 지남에 따라 사과 이미지를 구성하는 여러 요소를 이해하고, 새로운 사과 이미지를 생성하는 데 능숙해진다.

3) 각자 다른 학교를 졸업한 AI : 이미지 생성 모델(Image Generative Model)

그림을 잘 그리기 위해 한 학교는 마법을, 다른 학교는 과학 기술을 가르친다고 생각해 보자. 각 학교마다 학습 방식이 다르고, 학생 또한 그림을 그리는 방식이 다 다를 것이다. 그러나 방식이 다를 뿐 유사한 결과를 만들어 내 고품질의 이미지를 생성할 수 있다. 각자 다른 학교에서 공부한 AI 이미지 생성 모델은 크게 3가지가 있다. GAN, VAE, Diffusion Model이 있는데 다음 장에서 알아보도록 하자.

① GAN(Generative Adversarial Network, 생산적 적대 네트워크)

영화 〈캐치 미 이프 유캔(Catch Me If You Can)〉에서는 범인 (위조 지폐범)과 FBI 요원의 쫓고 쫓기는 이야기가 전개된다. 범인 은 갈수록 정교한 지폐를 만들고, FBI 요원은 위조지폐를 식별하 고 구별해 범인을 잡는 구조다. GAN 모델도 이와 유사하다. 생성 자(Generator)는 새로운 이미지를 만들고, 감별사(Discriminator) 는 이미지가 가짜인지 진짜인지 판단한다. 생성자(Generator)는 실제 이미지와 구별할 수 없는 정교한 이미지를 만들고, 감별사 (Discriminator)는 실제인지 인위적으로 생성한 이미지인지 판단 한다. 이 둘은 경쟁하면서 더 높은 품질의 이미지를 만들 수 있도 록 도와준다.

② VAE(Variational Autoencoders, 변분〈변화, 분해〉 오토 인코더)

VAE 모델은 AI를 학습시키는 마치 다른 학교의 교육방식이다. 앞의 GAN은 생성자와 판별자가 경쟁하며 품질을 높이는 반면, VAE 모델은 경쟁 대신 서로 협력하는 인코더(Encoder)와 디코더 (Decoder)를 사용한다. 쉽게 예를 들어, 미술학교가 있다고 가정 하고 그곳에서 인코더를 학생, 디코더를 선생님이라고 해보자. 학 생(인코더)은 강아지를 보고 눈, 코, 입, 귀, 꼬리 등 대략적인 스케 치를 한다. 이 과정을 이미지 압축이라고 한다. 선생님(디코더)은 학생이 본 이미지를 볼 수 없다. 대신 학생이 스케치한 그림에 새롭고 독창적인 강아지 그림을 그려낸다. 학생이 압축한 이미지를 선생님이 재구성하는 것이다.

이렇게 처음 학생(인코더)이 본 이미지와 선생님(디코더)이 그린 그림 간의 차이를 최소화하는 방법으로 학습한다. 이런 과정을 반복하다 보면 처음 학생이 본 이미지와 선생님이 그린 이미지가 유사해지며 완성도가 향상된다.

③ Diffusion Model

디즈니 애니메이션 〈라따뚜이〉에서는 후각과 미각에 재능을 지닌 생쥐 '레미'가 주인공으로 그려진다. 레미가 도시를 떠돌던 중 음식점 주방에서 수프에 물을 넣고 요리를 망치는 남자 '링귀니'를 발견한다. 생쥐인 '레미'는 그냥 지나칠 수 없어 주변의 여러 가지 재료를 수프에 넣어 원래보다 더 풍미 있는 수프를 만들게 된다.

Diffusion Model도 이와 유사하다. 이미지에 노이즈를 넣어 처음 이미지를 인식하기 어렵게 만든다. 맛있는 수프에 물을 넣어 희석시키는 작업인 것이다. 그다음 이미지의 노이즈를 제거하고 처음 이미지와 유사하게 만든다. 물을 서서히 증발시키고 재료를 추가하여 원래의 풍미 있는 수프를 만드는 작업이다. 정리하자면 이미지(맛있는 수프)에 점진적으로 노이즈를 추가(물로 희석)한 다음 프로세스를 역순으로 학습하여 대상 이미지와 유사한 새 이미지를 생성하는 것이다.(수프를 원래 상태로 되돌림)

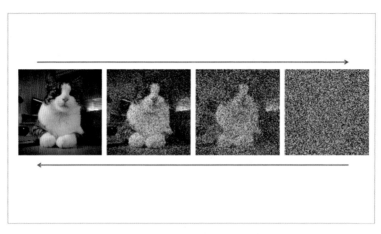

Diffusion 모델 구조도(출처 : NVIDIA)

지금까지 AI가 어떻게 이미지를 학습하고 만드는지 살펴봤다. AI는 오늘날 실제 사진과 구별할 수 없는 이미지를 만드는 단계까지 와 있다. 신경망, 데이터 세트를 사용한 훈련, GAN, VAE, Diffusion과 같은 생성 모델을 통해 AI는 예술, 디자인 및 엔터테인먼트의 세계에서 새로운 가능성의 문을 활짝 열었다. 앞으로 어떤 변화가 다가올지 상상만 해도 가슴이 두근거린다.

[표]학습모델 요약

학습모델	설명
GAN	– 생성자(Generator)와 감별사(Discriminator)의 경쟁 　예) 위조 지폐범과 FBI 요원의 관계 – 매우 사실적인 이미지를 만들 수 있음 – 교육 시간이 많이 소요될 수 있음 – 훈련 중 불안정할 수 있음
VAE	– 인코더와 디코더가 함께 작동 　예) 미술학교 학생과 선생님의 공동작업 – GAN에 비해 변형이 많고 현실감이 떨어지는 이미지 생성 – 훈련 중 안정적으로 운영 – 이미지 압축, 노이즈 제거 및 인페인팅에 사용 가능
Diffusion Model	– 점진적으로 노이즈를 추가하고 제거하는 기능 　예) 향긋한 수프를 물로 희석 후 다시 맛있는 수프를 만드는 작업 – 고품질의 다양한 이미지 연출 가능 – GAN 및 VAE에 비해 더 많은 리소스와 긴 교육 시간이 필요 – 이미지 합성, 복원 및 노이즈 제거에 사용 가능

02

프롬프트 |
독특하고 창조적인 이미지를
만드는 명령어

이번에는 이미지를 만들기 위한 기본적인 키워드인 '프롬프트'에 대해 알아보자. 원하는 이미지를 얻기 위해서는 정교한 프롬프트가 필요하다. 4장에서는 콘텐츠, 분위기, 표현력, 도구, 카메라, 그래픽, 그림체에 대한 상세한 프롬프트를 설명하겠다.

프롬프트(Prompt)란?

프롬프트는 '어떤 것이 발생하도록 만드는 것(to make something happen)' 또는 '사용자의 명령을 받아들일 준비가 되었다'는 뜻으로 모니터에 커서가 표시되어 나타나는 것을 의미한다. 또한 이미지 제작 AI에서는 '이미지를 만들기 위해 사용자가 입력하는 텍스트'를 뜻한다. 프롬프트는 미드저니뿐만 아니라 다른 이미지 제작 플랫폼에서도 중요한 부분이다. 따라서 효과적인 프롬프트를 작성하는 방법을 반드시 배워야 한다. 쉽게 말해서 프롬프트는 AI에 요청하는 주문서라고 생각하면 된다.

AI는 프롬프트에서 단어(word)와 구(phrase)를 구분한다. 단어(word)는 의미를 지닌 최소 단어다. 구(phrase)는 두 개 이상의 단어로 문장 내에서 하나의 단위로 사용한다. 예를 들어 '귀여운 강아지', '빛나는 보석', '오래된 집'처럼 단어의 묶음이지만 하나의 뜻처럼 사용하기도 한다. AI는 이러한 단어와 구를 '토큰'이라는 더 작은 단위로 분해한다. 이렇게 토큰을 학습한 데이터와 비교하여 주어진 단어와 일치하는 이미지를 만든다.

예를 들어 "Man working, monitor screen.(작업 중인 남자, 모니터 화면)"라는 문장을 입력하면 AI는 이를 분해한다. "man", "working", "monitor", "screen"과 같은 문구로 분해한다. 그다음 AI는 토큰이라는 단위로 분해하여 프롬프트를 이해하고 이미지를 만든다.

Man working, written monitor screen, designer office and enterprise with curved screen on top floor of business center, sunny weather, surreal, very detailed, graphic, 8K ---v 4 ---q 2 ---ar 16:9

1) 기본 프롬프트

기본 프롬프트는 한 단어, 문구를 입력하는 간단한 구조다. 미드저니에서 간단한 구조의 프롬프트는 복잡한 프롬프트보다 이미지를 만드는 데 더 도움이 될 수 있다. 미드저니의 접속부터 사용까지의 기본적인 사용법은 "2장 02 미드저니(45p)"를 참고하자.

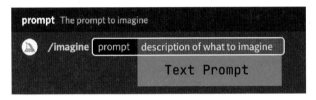

기본 프롬프트 구조(출처 : 미드저니)

2) 고급 프롬프트

고급 프롬프트에는 하나 이상의 이미지 URL, 여러 텍스트 구문, 하나 이상의 파라미터가 포함될 수 있다. 프롬프트를 입력할 때는 이 순서를 맞춰서 입력해야 한다. 파라미터란 이미지의 가로세로 비율, 품질, 미드저니 모델 버전 등을 정하는 부분이다. 자세한 내용은 뒤에 상세히 설명하겠다.

고급 프롬프트 구조(출처 : 미드저니)

따라 하다 보면 나도 AI디자이너

① 이미지 프롬프트

프롬프트를 사용하여 내 머릿속에 있는 이미지를 그대로 만들기란 쉽지 않다. 그래서 가장 유사한 이미지를 AI에 보여주면 된다. "이렇게 비슷하게 만들어줘. 그런데 SF 스타일로"라고 하는 것과 비슷하다.

[5] 〈이미지 링크〉cyberpunk style, building, ultra quality, exquisite hyper details, Photo-realistic, 4k --ar 4:3 --iw 0.5

[1] 원본 이미지 [2, 3, 4, 5, 6] AI가 원본 이미지를 참고하여 만든 이미지

방법은 다음과 같다. 우선 내가 원하는 느낌, 분위기의 온라인 이미지를 찾는다. 웹 주소가 .png, .gif 또는 .jpg와 같은 확장자로 끝나는지 확인한다. 이미지를 마우스 오른쪽 버튼으로 클릭하여 "이미지 주소 복사"를 선택하면 이미지의 URL이 복사된다. 프롬프트에 URL을 먼저 붙여 넣은 다음 만들려는 이미지를 설명하

는 데 필요한 추가 텍스트를 입력하면 된다.(PC에 이미지를 업로드하여 URL을 추출해도 된다.) 이미지 프롬프트는 항상 다른 프롬프트보다 먼저 나와야 한다. 프롬프트에 이미지 2개를 넣을 경우 두 개의 이미지가 결합한 모습을 볼 수 있다.

[1] 북극 + [2] 튤립 = [3] 북극+튤립

② Text 프롬프트

만들고 싶은 이미지에 대한 텍스트 부분이다. 잘 만든 프롬프트 하나로 다양한 이미지를 만드는 데 도움이 된다. 상세한 프롬프트를 작성하는 방법은 다음 장에서 계속 설명하겠다.

③ 파라미터

파라미터는 이미지를 만드는 방법을 변경한다. 이미지의 가로세로 비율, 미드저니 이미지 생성 모델 버전 등을 설정할 수 있다. 파라미터는 프롬프트 끝에 작성한다.

3) 프롬프트 입력 시 주의사항

① 프롬프트 길이

프롬프트를 간결하게 유지하고 주요 개념에 집중하자. 무조건 길게 쓴다고 이미지가 잘 나오는 것은 아니다.

② 문법

미드저니는 인간처럼 문법을 이해하지 못한다. 단어를 구체적으로 선택하고 정리를 위해 쉼표, 대괄호 및 하이픈을 사용할 수 있지만, AI가 이를 해석하지 못할 수도 있다. 대문자는 따로 고려하지 않는다.

③ 원하는 것에 집중

이미지에서 원하지 않는 것보다 원하는 것을 강조하자. "의자가 없는 식탁"을 입력하면 의자가 포함될 것이다. 의자를 포함하지 않으려면 파라미터를 쓰는 곳에 "--no chair"를 입력할 수 있다.

④ 세부 사항

중요한 맥락이나 세부 사항에 대해 구체적으로 써야 한다. 하지만 일부 요소를 모호하게 남겨두면 생각지 못한 엉뚱한 이미지를 만들 수도 있다. 강조하고 싶은 세부 내용에 대해 명확하게 입력해야 한다.

미드저니 더 알아보기
(심화 과정)

앞에서 설명한 대로 이미지를 만드는 AI 플랫폼은 여러 가지가 있다. 미드저니, 델이, 플레이그라운드, 노벨AI 등 새로운 플랫폼들이 많이 만들어지고 있다. 이렇게 많은 플랫폼 중에서 미드저니를 추천하는데, 이유는 다음과 같다.

1. 알아서 잘 그려준다

생동감 있고 매력적인 이미지를 정말 말 그대로 '알아서 잘' 그려준다. 특히 예술이나 디자인, IT 전문가가 아니더라도 높은 퀄리티의 이미지를 만들 수 있다. 포토샵, 일러스트 등의 디자인 프로그램에서 전문가의 손을 통해서 결과를 만들어 낼 수 있지만 일반인들에게는 그런 수준까지 학습하는 데 어려움을 겪을 수 있다. 그러나 미드저니는 예술, 디자인, IT 전문가가 아니더라도 멋진 이미지를 얼마든지 만들어 낼 수 있다.

2. 1분 안에 고품질 이미지를 만들어 준다

미드저니의 장점 중 하나는 사용자의 컴퓨터 성능에 의존하지 않고, 고품질의 이미지를 만들 수 있다는 것이다. 사용자 컴퓨터 그래픽 카드에 의존하지 않고, 미드저니의 Discord라는 서버를 통해 이미지를 만든다. 따라서 사용자는 개인 컴퓨터의 성능 제한에 걱정하지 않아도 된다. 또한 모바일에서도 언제 어디서나 이미지를 만들어 낼 수 있다.

3. 다른 사용자들이 그림을 실시간으로 볼 수 있다

미드저니는 다른 사용자들이 그림을 그리는 모습을 Discord를 통해서 실시간으로 볼 수 있다. Discord는 실시간 채팅창이라고 보면 된다. 어떤 키워드를 입력해서 어떤 결과가 나오는지 공유되고 있기 때문에 평소 이것을 보는 것만으로도 키워드에 대한 공부가 되고 이미지를 만드는 것에 대한 많은 힌트를 얻을 수 있다.

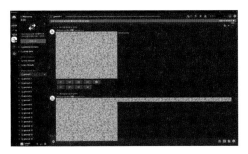

실시간으로 공유되는 Discord 창

4. 사용하기 쉽다

간단한 텍스트만으로도 멋진 이미지를 만들어 준다. 물론 내가 원하는 상세한 이미지를 위해서는 설정을 해야 한다. 그러나 간단한 이미지라면 초보자도 쉽게 이미지를 만들 수 있다.

5. 이미지를 계속 개선해 나간다

미드저니는 사용자가 텍스트를 입력하면 4가지 이미지를 제시해 준다. 사용자는 미드저니가 선택한 이미지를 더 상세하게 그리고 발전시켜 나간다. 이런 과정을 통해 사용자가 원하는 이미지를 계속 조정해 나가며 때로는 사용자의 상상력보다 더 발전된 이미지를 만들어 내기도 한다.

결론적으로 미드저니는 사용자의 기술적 또는 예술적 배경과 관계없이 고품질의 이미지를 만들어 준다. 그래서 초심자도 얼마든지 접근하여 쉽게 이미지를 만들 수 있다. AI디자인의 첫 시작은 무료 플랫폼에서 시도해 보는 것을 추천한다. 다음 그림은 플랫폼별로 같은 프롬프트를 입력했을 때 출력되는 이미지를 비교한 것이다. 플랫폼별로 조금씩 스타일이 다름을 확인할 수 있다.

[예시1]

cute cat

[1] 미드저니 [2] 델이 [3] 플레이그라운드 [4] 노벨AI

[예시2]

허쉬 컷 스타일의 고급스러운 밝은 갈색 머리를 한 아름다운 케이팝 아이돌 소녀가 흰색 셔츠를 입고 스튜디오 조명이 있는 푸른 숲에 서서 자연스러운 아름다움을 포착한 매우 사실적인 사진

A hyper realistic photograph of a beautiful k-pop idol girl with luxury bright brown colored hair in a Hershey cut style, wearing a white shirt and standing in a lush green forest with studio lighting to capture her natural beauty

[1] 미드저니 [2] 델이 [3] 플레이그라운드 [4] 노벨AI

04

입문자를 위한
미드저니 디자인 꿀팁

1. 내가 만든 이미지 바로 확인하기

미드저니에서는 한 개의 채널에 다양한 사용자가 작업을 한다. 그래서 다른 사람들이 작업 중인 이미지가 새롭게 계속 화면에 공유되고 있기 때문에 내가 입력한 프롬프트를 찾아보려면 한참 뒤로 밀려서 찾기 힘들어질 때가 있다. 이 경우, 내가 만든 이미지만 따로 확인할 수 있는 기능이 있는데, 다음 장의 그림처럼 Discord 화면 오른쪽 상단에 작은 박스를 누르면 내가 만든 이미지를 확인할 수 있다. 작업 중인 위치로 이동도 가능하니 이 기능으로 더 이상 헤매지 않아도 된다.

2. 개인 서버 만들기

공개방(Newbies rooms)을 사용하면 다른 사용자들이 만든 이미지가 계속 업로드돼서 다른 프롬프트를 참고할 수 있다는 장점이 있지만, 내가 만든 이미지를 찾기 힘들고 정신이 없다는 단점이 있다. 또한, 내가 만든 프롬프트와 이미지가 다른 사람들에게 공유가 되니 마음에 내키지 않을 수도 있다. 이 문제를 해결하기 위해서 미드저니에서는 개인 서버를 제공한다. 개인 서버에서 내 그림을 만들고 볼 수 있다. 나만의 방을 만드는 것과 같은 개념이다.

1) 서버 생성 방법

Discord 창의 왼쪽 메뉴에서 [+]버튼을 클릭하고, 팝업된 창에서 [직접 만들기]를 선택한다. 그다음 [나와 친구들을 위한 서

따라 하다 보면 나도 AI디자이너

버]를 선택 후 서버 이름을 입력한 다음, [만들기]를 클릭한다. 그러면 왼쪽에 내가 지정한 이름의 개인 서버 메뉴가 만들어진다. 여기서 끝이 아니다. 지금 상태로는 미드저니 프롬프트를 사용할 수 없다. 미드저니 봇을 초대해야 제대로 이미지를 만들 수 있다.

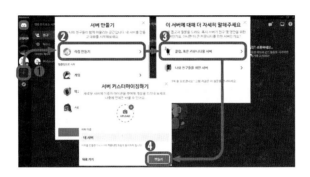

2) 미드저니 봇 초대

미드저니의 서버를 선택 후 newbie 채팅방 중 하나를 선택한다. 오른쪽의 참여 유저 리스트에서 Midjourney Bot을 클릭 후 나오는 팝업창에서 [서버에 추가]를 클릭한다. 이전에 만들었던 개인 서버를 선택 후 [계속하기] 버튼을 클릭한다. 마지막으로 나오는 팝업창에서 [승인]을 클릭하면 최종 승인되었다는 메시지가 나온다. 이제부터 내 개인 방에서 이미지를 생성하고 관리할 수 있다.

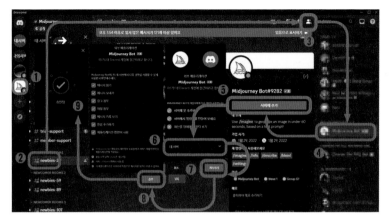

미드저니 봇 초대

2. 미드저니 세팅

프롬프트 창에 '/imagine'을 입력하는 대신 '/settings'를 입력 후 엔터를 두 번 치면 세팅할 수 있는 설정값이 아래와 같이 나타난다. 설정값이 지정되어 있어서 사용자가 일일이 적지 않아도 자동으로 프롬프트에 입력되는 구조다.

미드저니 세팅

따라 하다 보면 나도 AI디자이너

1) MJ Version(MidJourney Version)

미드저니에서는 이미지 생성에 대한 다양한 버전이 존재한다. v1~5.2까지 존재하며 v5('23.3.15), v5.1('23.5.4), v5.2('23.6.23)에 출시하면서 계속 진화하고 있다. 버전이 올라갈수록 프롬프트를 더 잘 해석하고 높은 해상도와 다양한 고급 기능을 지원한다. 한마디로 버전이 높을수록 더 잘 알아서 그려준다는 뜻이다. 그러나 이미지 스타일에 따라서 낮은 버전에서 의도를 더 잘 살리는 경우도 있으니, 목적에 따라 버전을 조정해 보는 것도 방법이다.

[예시]

야자수가 있는 노을 해변에 손을 잡고 걷는 커플

[1] Sunset beach where palm trees and couples walk hand in hand --v 1

[2] Sunset beach where palm trees and couples walk hand in hand --v 2

[3] Sunset beach where palm trees and couples walk hand in hand --v 3

[4] Sunset beach where palm trees and couples walk hand in hand --v 4

[5] Sunset beach where palm trees and couples walk hand in hand --v 5

[6] Sunset beach where palm trees and couples walk hand in hand --v 5.1

2) Niji Version

Niji 버전은 Midjourney와 Spellbrush가 만든 모델의 일종으로, 애니메이션 및 일러스트레이션 스타일을 전문적으로 제작한다. --niji 모델은 애니메이션과 다양한 스타일에 대한 광범위한 지식을 보유하고 있어 역동적이고 액션 지향적인 샷과 캐릭터 중심의 구성에 적합하다.

[예시]

분홍색 우주복을 입은 귀여운 소녀가 아름다운 벚꽃 옆에서 포즈를 취하는 모습

[1] A cute girl in a pink spacesuit is posing next to a beautiful

cherry blossom --v 5

[2] A cute girl in a pink spacesuit is posing next to a beautiful cherry blossom --niji 4

[3] A cute girl in a pink spacesuit is posing next to a beautiful cherry blossom --niji 5

3. 손가락 표현의 발전

Stable Diffusion, DALL-E2 및 Midjourney와 같은 이미지 생성 AI는 고품질 이미지 생성에 놀라운 발전을 보여주었다. 그러나 이런 플랫폼의 가장 큰 약점 중의 하나가 비현실적인 손의 묘사였다. 이는 사람이 등장하는 이미지에 사실감이나 디테일한 표현을 하는 데 있어 큰 단점이었다.

일부 프롬프트 엔지니어들은 손을 주머니에 넣거나, 뒷짐을 지는 등 이미지에 손이 나오지 않게 표현하기도 했었다. 그러나 발전 속도가 워낙 빠르다 보니 사실적인 손가락의 표현은 어느 정도 해결되었다. 미드저니의 V4에서는 어색했던 손의 묘사가 V5 이후부터는 크게 향상되었다. 드디어 손 묘사를 정확하게 표현하여 사실적이고 자연스러운 이미지를 얻을 수 있게 된 것이다.

[예시]

터치스크린 장치를 사용하는 여성, 화면을 손가락으로 두드리는 데 집중하는 모습

[1] Woman using touchscreen device, focus on finger tapping on screen --v 4

[2] Woman using touchscreen device, focus on finger tapping on screen --v 5

[3] Woman using touchscreen device, focus on finger tapping on screen --v 5.1

[1] 어색한 손가락 [2,3] 자연스러운 손가락

4. 동양인 묘사

Midjourney V4에서 동양인에 대한 묘사는 종종 눈이 찢어지거나 가늘게 뜨는 등의 이미지를 만들어 냈다. 더욱이 한국인 개인을 묘사하려고 해도 생성된 이미지는 서양인처럼 보이는 경우

가 많았다. 하지만 V5가 출시되면서 아시아인의 표정이 더욱 자연스럽게 만들어지게 되었다. V5로 생성된 이미지는 이제 동양인을 사실적으로 표현한다. 진짜 사진처럼 보여서 AI가 만든 이미지인지 원본인지 식별하기 어려울 정도다.

[예시]

허쉬 컷 스타일의 고급스러운 밝은 갈색 머리를 한 아름다운 케이팝 아이돌 [소녀 / 소년]이 흰색 셔츠를 입고 스튜디오 조명이 있는 푸른 숲에 서 있는 초현실적인 사진으로 자연스러운 아름다움을 포착

A hyper realistic photograph of a beautiful k-pop idol [girl / boy] with luxury bright brown colored hair in a Hershey cut style, wearing a white shirt and standing in a lush green forest with studio lighting to capture her natural beauty --ar 3:2 [--v 4 / --v 5/ --v 5.1]

[1] girl --v 4 [2] girl --v 5 [3] girl --v 5.1 [4] boy --v 4 [5] boy --v 5 [6] boy --v 5.1

영어 못해도
영어 프롬프트 잘 쓰는 방법

지금까지 AI에 대한 사용법을 보면서 가장 힘들었던 것 중의 하나가 영어라고 생각한다. 외국 사이트이다 보니 압도적으로 영어가 많이 쓰인다. 나 역시 영어는 어렵다. 하지만 지금이 어떤 시대인가? AI가 그림도 그려주는 세상에서 언어의 벽은 큰 장애물이 아니다.

우리나라는 이미 한글을 영어로 자동 번역해 주는 사이트가 많다. 영어를 못해도 내가 쓴 한글을 영어로 번역해 주니 이런 사이트를 잘 활용해 보자. 필자의 경우 아래 세 가지를 동시에 사용하면서 가장 자연스러운 문장을 뽑는다.

1. 네이버 파파고(papago.naver.com)

네이버 파파고는 한국 검색 엔진 네이버에서 무료로 제공하는 온라인 언어 번역 서비스다. 한국어와 영어, 중국어, 일본어 등 14개 이상의 언어 번역을 지원한다. 자연스럽게 번역해 주며 한국어 관용구 및 표현의 정확한 번역으로 인해 한국어 사용자가 선호하는 경우가 많다. 또한 네이버 파파고는 텍스트 음성 변환, 필기 인식, 모바일 앱 등 다양한 기능을 제공한다.

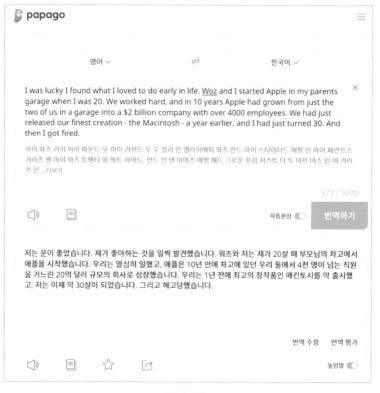

네이버 파파고

2. 구글 번역(translate.google.com)

Google 번역은 Google에서 무료로 제공하는 온라인 언어 번역 서비스다. 네팔어 및 스와힐리어와 같이 흔하지 않은 언어를 포함하여 100개 이상의 언어 번역을 지원한다. 번역 품질은 언어 상에 따라 다르지만, 일반적으로 기본적인 의사소통을 위한 충분한 번역을 제공한다. Google 번역은 웹사이트 번역, 카메라 번역, 모바일 앱과 같은 추가 기능들이 있다.

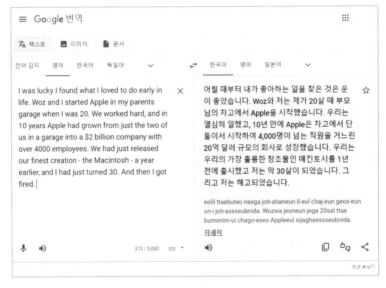

구글 번역

3. DeepL 번역(www.deepl.com/translator)

　　DeepL은 영어, 독일어, 프랑스어, 스페인어, 이탈리아어, 네덜란드어, 폴란드어 및 러시아어를 포함한 여러 언어로 고품질 번역을 제공하는 온라인 언어 번역 서비스다. 기존의 규칙 기반 시스템보다 더 정확하고 자연스러운 번역을 제공하는 신경망 기계 번역 기술을 사용한다. 또한, DeepL은 문서 번역, 웹사이트 번역 및 데스크톱 애플리케이션과 같은 기능을 제공한다. 서비스는 유료이지만 한 달에 제한된 수의 번역이 무료로 제공된다.

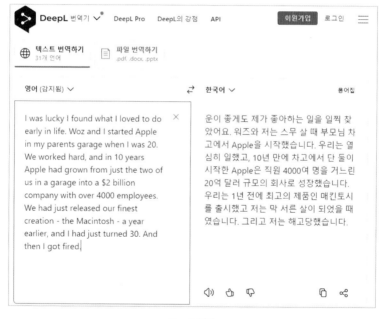

DeepL 번역

고품질 AI 디자인
실전 가이드

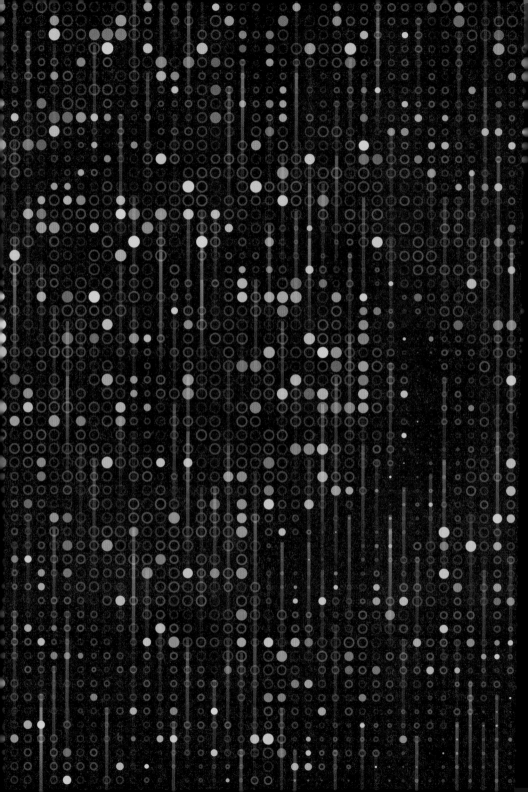

콘텐츠
상상에서 캔버스까지의
전환 예술

1. 형용사(Adjective)

원하는 이미지를 만들려면 프롬프트에 해당 단어를 넣어야 한다. 하지만 단어뿐 아니라 세부적인 결과를 도출하기 위해서는 형용사를 함께 써주는 것이 좋다. 예를 들어 프롬프트에 집(house)만 넣는 것보다 꾸며주는 말을 넣으면 그에 알맞은 이미지를 만들어 준다. 다음처럼 말이다.

중세 집(Medieval village House), 사이버펑크 한 집(Cyberpunk House), 우주선 집(Spaceship House)

예시의 그림처럼 형용사는 장면의 다양한 표현을 꾸며주어 시각적 효과를 불러일으킬 수 있다.

[1] House [2] Luxury Future House
[3] Cyberpunk House [4] Spaceship House

[1] A beach scene during sunset [2] An idyllic, golden-sand beach scene with a vibrant
orange and purple sunset reflecting on calm turquoise waters.

따라 하다 보면 나도 AI디자이너

다음은 이미지 생성 프롬프트에서 형용사를 사용하는 방법의 예이다. 일몰 동안 고요한 해변 장면의 이미지를 생성하기를 원한다고 가정해 보자. 형용사가 없으면 "해가 지는 해변 풍경(A beach scene during sunset)"이 될 수 있다.

이제 더 명확하고 세부적인 정보를 전달하기 위해 형용사를 사용하여 프롬프트를 개선해 보겠다.

"잔잔한 청록색 바다에 생생한 주황색과 보라색 일몰이 반사되는 멋진 황금빛 모래 해변 장면."
"An idyllic, golden-sand beach scene with a vibrant orange and purple sunset reflecting on calm turquoise waters."

이 수정된 프롬프트에서는 더 자세한 내용과 특징을 넣기 위해 몇 가지 형용사를 사용했다.

○ 멋진(idyllic) - 분위기를 조성하고 평화롭고 그림 같은 장면을 의미
○ 황금 모래(golden-sand) - 해변의 색상과 질감을 묘사하여 따뜻하고 매력적인 분위기를 연출

○ 활기찬(vibrant) - 석양의 색상 강도를 강조

○ 주황색과 보라색(orange and purple) - 석양의 색상을 지정
  하여 시각적 느낌을 제공

○ 평온함(calm) - 고요한 분위기를 강화하면서 물의 상태를
  묘사

○ 청록색(turquoise) - 물의 색상을 제공하여 시각적 매력을
  더함

다음은 형용사별 프롬프트 예시다.

1) 고요한(Serene)

하늘을 반사하는 맑고 고요한 호수가 있는 고요한 산 풍경

A serene mountain landscape with a clear, tranquil lake
reflecting the sky

2) 장엄한(Majestic)

무성한 녹색 숲으로 둘러싸인 언덕 꼭대기에 자리 잡은 장엄한 중세 성

A majestic medieval castle perched atop a hill, surrounded by a lush, green forest

3) 다채로운(Vibrant)

다채로운 가판대, 활기 넘치는 상인, 분주한 인파가 있는 활기 넘치는 야외 시장

A vibrant outdoor market with colorful stalls, lively vendors, and a bustling crowd

4) 소박함(Rustic)

소박한 시골 풍경 진기한 농가, 구불구불한 언덕, 풀을 뜯는 동물이 있는 곳

A rustic countryside scene with a quaint farmhouse, rolling hills, and grazing animals

따라 하다 보면 나도 AI디자이너

5) 고대(Ancient)

정글에 숨겨진 고대 사원, 부서지는 돌벽과 복잡한 조각

An ancient temple hidden in the jungle, with crumbling stone walls and intricate carvings

6) 빛나는(Luminous)

물에 반사되는 눈부신 조명으로 빛나는 밤의 도시 풍경

A luminous nighttime cityscape with dazzling lights reflecting off the water

7) 꿈같은(Dreamlike)

떠다니는 섬, 폭포, 빛나는 식물이 있는 꿈같은 풍경

A dreamlike landscape with floating islands, waterfalls, and glowing plants

2. 환경설정(Setting)

이미지 생성 프롬프트에 위치, 시간 등에 대한 환경을 설정하는 단어를 입력해 주면 AI는 나의 의도를 더 잘 이해하고 그림을 그려준다. 예를 들어 밤에 분주한 도시 거리의 이미지를 생성하기를 원한다고 가정해 보자. 환경을 설정해 주는 단어를 넣지 않으면 프롬프트가 "사람과 자동차(people and cars)"로 단조롭게 표현된다.

people and cars

이제 더 많은 설정을 통합하여 프롬프트를 개선해 보겠다. 수정된 이 프롬프트에서는 설정을 사용하여 장면에 대한 추가 정보를 제공했다.

따라 하다 보면 나도 AI디자이너

"네온사인과 가로등으로 밝혀진 번화한 도시의 밤거리, 걷고 있는 사람들과 자동차가 지나가는 곳."

"A bustling city street at night, illuminated by neon signs and streetlights, with people walking and cars driving by."

A bustling city street at night, illuminated by neon signs and streetlights, with people walking and cars driving by

○ [장소] 도시의 거리(city stree) – 장면의 장소

○ [활동] 번화한(bustling) – 장면의 활동 및 에너지 수준

○ [시간] 밤(at night) – 장면의 모양과 분위기에 중요한 영향을 미치는 시간을 지정

○ [조명] 네온사인과 가로등 조명(illuminated by neon signs and streetlights) – 조명 조건에 대한 세부 정보를 제공하여 생생하고 역동적인 환경

다음은 설정별 프롬프트 예시다.

1) 도시 경관(Urban Cityscape)

잔잔한 강에 스카이라인이 반사되는 황금빛 일몰의 도시 풍경

An urban cityscape during a golden sunset, with the skyline
reflecting off a calm river

2) 고요한 숲(Tranquil Forest)

나무 사이로 구불구불한 좁은 길과 나뭇잎 사이로 비치는 햇빛이 있는 고요
한 숲

A tranquil forest with a narrow path meandering through the
trees and sunlight filtering through the leaves

3) 사막(Desert)

우뚝 솟은 모래 언덕, 타오르는 태양, 하늘을 배경으로 외로운 선인장 실루엣이 있는 황량한 사막 장면

A desolate desert scene with towering sand dunes, a blazing sun, and a lone cactus silhouetted against the sky

따라 하다 보면 나도 AI디자이너

4) 수중(Underwater)

색색의 물고기, 흔들리는 해초, 가라앉은 난파선으로 가득한 산호초가 있는 수중 장면

An underwater scene with a coral reef teeming with colorful fish, swaying sea plants, and a sunken shipwreck

5) 우주 공간(Outer Space)

활기찬 성운, 멀리 떨어진 은하, 거대한 별장이 배경에 있는 우주 장면

An outer space scene with a vibrant nebula, distant galaxies, and a massive star field in the background

따라 하다 보면 나도 AI디자이너

6) 중세 마을(Medieval Village)

기이한 오두막, 분주한 시장 광장, 멀리 우뚝 솟은 성이 있는 중세 마을

A medieval village with quaint cottages, a bustling market square, and a towering castle in the distance

7) 열대 해변(Tropical Beach)

흔들리는 야자나무, 잔잔하게 부서지는 파도, 그리고 바다 위의 활기찬 일몰이 있는 열대 해변

A tropical beach with swaying palm trees, gently crashing waves, and a vibrant sunset over the ocean

8) 북극 툰드라(Arctic Tundra)

광활한 빙원, 우뚝 솟은 빙하, 사냥 중인 북극곰 무리가 있는 북극 툰드라 장면

An arctic tundra scene with vast ice fields, towering glaciers, and a group of polar bears on the hunt

3. 세부 사항(Detail)

　벽난로가 있는 아늑한 거실의 이미지를 만들어 보자. 세부 사항이 없으면 "벽난로가 있는 거실(A living room with a fireplace)"로 프롬프트를 입력할 수 있다.

[1] A living room with a fireplace [2] A cozy living room with a crackling fireplace, a comfortable red armchair next to a wooden coffee table, a plush rug on the floor, and a bookshelf filled with books on the wall, a modern design

　이제 더 자세한 정보를 통합하여 프롬프트를 개선하여 장면을 더 명확하게 해보자.

　"따닥거리는 벽난로가 있는 아늑한 거실, 나무 커피 테이블 옆에 있는 편안한 빨간색 안락의자, 바닥에 깔린 푹신한 러그, 벽에 책으로 가득 찬 책장."

　"A cozy living room with a crackling fireplace, a

comfortable red armchair next to a wooden coffee table, a plush rug on the floor, and a bookshelf filled with books on the wall"

이 수정된 프롬프트에서는 보다 생생하고 매력적인 장면을 만들기 위해 몇 가지 세부 정보를 추가했다.

- ○ 까닥거리는 벽난로(crackling fireplace) - 벽난로가 만들어 내는 소리와 분위기를 전달
- ○ 편안한 빨간색 안락의자(comfortable red armchair) - 가구의 모양과 색상을 설명하여 시각적인 흥미를 더함
- ○ 목재 커피 테이블 옆(next to a wooden coffee table) - 방의 가구 배치에 대한 정보를 제공
- ○ 바닥에 플러시 러그(plush rug on the floor) - 장면에 따뜻함과 편안함을 더함
- ○ 벽에 책이 가득한 책장(bookshelf filled with books on the wall) - 방에 또 다른 요소를 도입하여 아늑한 분위기를 강화

분위기
AI에 감성 불어넣기

1. 장르

장르는 판타지, SF, 역사, 초현실주의, 스팀펑크, 공포, 느와르 등 내가 원하는 스타일이나 테마를 정하는 데 도움을 줄 수 있다. 예를 들어 공상 과학 설정에서 미래 도시의 이미지를 생성하기를 원한다고 가정해 보자. 일반적으로 장르를 지정하지 않으면 프롬

[1] A city with tall buildings [2] In a science fiction setting, a futuristic city with towering skyscrapers, flying vehicles, and advanced technology embedded in the urban landscape

프트에 "높은 건물이 있는 도시(A city with tall buildings)"를 입력하면 단순한 그림을 그려줄 것이다.

이제 장르 요소를 프롬프트에 집어넣어 보겠다.

"공상 과학 설정, 도시 경관에 우뚝 솟은 고층 빌딩, 하늘을 나는 차량, 그리고 첨단 기술이 있는 미래 도시"

"In a science fiction setting, a futuristic city with towering skyscrapers, flying vehicles, and advanced technology embedded in the urban landscape"

○ 공상 과학 설정(In a science fiction setting) - 장르를 지정
○ 미래 도시(futuristic city) - 이미지의 무대를 설정
○ 우뚝 솟은 고층 빌딩, 하늘을 나는 차량, 첨단 기술 (towering skyscrapers, flying vehicles, and advanced technology) - 공상 과학 소설과 관련된 요소를 도입

장르를 프롬프트에 입력함으로써 내가 원하는 장면과 분위기를 더 잘 표현할 수 있도록 만들었다. 다음은 장르별 프롬프트 예시다.

1) 판타지(Fantasy)

판타지 설정, 장엄한 용이 중세 성 위로 솟아오른다

In a fantasy setting, a majestic dragon soaring above a medieval castle

따라 하다 보면 나도 AI디자이너

2) SF(Science Fiction)

공상 과학 설정, 우뚝 솟은 고층 건물과 하늘을 나는 차량이 있는 미래 도시

In a science fiction setting, a futuristic city with towering skyscrapers and flying vehicles

3) 역사(Historical)

역사적 설정, 상인과 쇼핑객이 즐비한 고대 로마의 분주한 시장

In a historical setting, a bustling marketplace in ancient
Rome with merchants and shoppers

따라 하다 보면 나도 AI디자이너

4) 초현실주의(Surrealism)

초현실적인 설정, 거대한 시계가 별이 총총한 하늘 아래 절벽 가장자리에서 녹고 있다

In a surrealistic setting, a giant clock melting over the edge of a cliff under a starry sky

5) 공포(Horror)

공포 설정, 그림자 속에 유령 같은 형상이 숨어 있는 안개에 싸인 소름 끼치는 버려진 맨션

In a horror setting, a creepy abandoned mansion shrouded in fog with ghostly figures lurking in the shadows

6) 느와르(Noir)

느와르 설정, 비에 젖은 골목길, 깜박이는 가로등 아래 서 있는 트렌치코트와 페도라 차림의 실루엣 인물

In a noir setting, a rain-soaked alleyway with a silhouetted figure in a trench coat and fedora, standing under a flickering streetlight

7) 스팀펑크(Steampunk)

스팀펑크 설정, 빅토리안 스타일의 건물, 비행선, 복잡한 기계 장치가 있는 도시 풍경

In a steampunk setting, a cityscape with Victorian-style buildings, airships, and intricate mechanical contraptions

8) 사이버펑크(Cyberpunk)

사이버펑크 설정, 네온으로 빛나는 고층 빌딩, 다양한 캐릭터로 가득한 번화한 거리, 빗물에 젖은 공기를 항해하는 비행 차량이 있는 밤의 도시 풍경
In a cyberpunk setting, cityscape at night, with neon-lit skyscrapers, bustling streets filled with diverse characters, flying vehicles navigating through the rain-soaked air

2. 감정

이미지에 사람이 등장한다면 프롬프트에 '감정'적인 요소를 추가하여 더 풍부한 느낌을 전달할 수 있다. 다음은 사람들과 관련된 이미지 생성 프롬프트에서 '감정'을 사용하는 방법의 예시다. 친구들과 즐거운 분위기의 만남을 가지는 이미지를 만든다고 가정해 보자. 감정을 지정하지 않으면 프롬프트는 "카페에서 만나는 친구 그룹(A group of friends meeting at a cafe)"일 수 있다.

A group of friends, a handsome Asian, meeting at a cafe

이제 단순한 프롬프트를 다음과 같이 개선해 보겠다.

"즐겁고 훈훈한 분위기 속에서 친구들이 아늑한 카페에서 재회하고 웃고 포옹하며 커피를 마시며 이야기를 나눔"

In a joyful and heartwarming atmosphere, a group of

friends reuniting at a cozy cafe, laughing, hugging, and sharing stories over coffee

In a joyful and heartwarming atmosphere, a group of friends reuniting at a cozy cafe, laughing, hugging, and sharing stories over coffee

○ 즐겁고 따뜻한 분위기(In a joyful and heartwarming atmosphere) - 원하는 감정을 명시적으로 표현하여 이미지의 톤을 설정

○ 재회하는 친구 그룹(a group of friends reuniting) - 지정된 감정과 관련된 맥락을 전달

○ 웃고, 안고, 이야기 나누기(laughing, hugging, and sharing stories) - 즐겁고 훈훈한 감정을 더욱 증폭시키는 행동

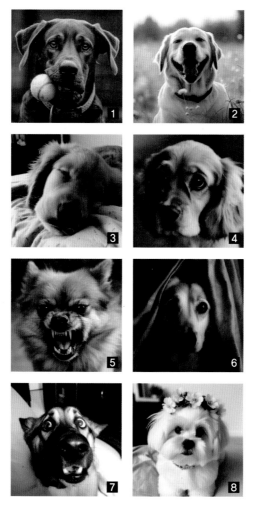

[1] Determined dog(단호한 강아지) [2] Happy dog(행복한 강아지)
[3] Sleepy dog(졸린 강아지) [4] Sad dog(슬픈 강아지) [5] Angry
dog(화난 강아지) [6] Shy dog(부끄러운 강아지) [7] Embarassed
dog(당황한 강아지) [8] lovely dog(사랑스러운 강아지)

따라 하다 보면 나도 AI디자이너

03

표현
풍부하고 깊이 있는 표현 방법

1. 조명(Lighting)

조명은 이미지의 전반적인 모양, 분위기에 영향을 줄 수 있으므로 사진 및 시각 예술의 중요한 측면이다.

1) 조명의 방향(Directional Lighting)

위, 아래 또는 측면과 같이 빛의 방향을 지정할 수 있다. 이렇게 하면 이미지에 깊이와 치수를 추가하는 재미있는 그림자를 만들 수 있다.

[예시]

강한 측면 조명으로 얼굴 전체에 그림자를 드리우고 얼굴 특징을 강조하는 극적인 여성 인물

A dramatic portrait of a woman with strong side lighting, casting shadows across her face and emphasizing her facial features

- 조명의 방향 예시 : 정면조명(Front Lighting), 측면 조명(Side Lighting), 후방 조명(Back Lighting), 림 조명(Rim Lighting), 상단 조명(Top Lighting)

2) 부드러운(Soft) vs 강한(hard) 조명

부드러운 조명은 부드럽고 분산된 모양을 만드는 반면 강한 조명은 선명한 대비와 명확한 그림자를 만들어 낸다.

[예시]

골든아워 동안 부드럽고 따뜻한 조명이 들판과 언덕에 부드러운 빛을 비추는 고요한 풍경

A serene landscape with soft lighting during golden hour, casting a gentle glow over the fields and hills

3) 색온도(Color Temperature)

따뜻한(노란색/주황색) 또는 차가운(파란색) 톤과 같은 빛의 색온도를 지정하여 특정 감정을 불러일으키거나 특정 분위기를 만들 수 있다.

[예시]

거리와 건물을 비추는 네온사인이 있는 도시

city with cool, neon lighting illuminating the streets and buildings

- 색온도 예시 : 해 뜰 녘/해 질 녘(Warm Golden Hour), 시원한 아침 조명(Cool Morning Light), 따뜻한 촛불(Warm Candlelight), 시원한 달빛(Cool Moonlight), 따뜻한 백열등(Warm Incandescent Light), 시원한 형광등(Cool Fluorescent Light), 따뜻한 불빛(Warm Firelight), 흐린 빛(Overcast Light), 혼합색(Mixed Color Temperature), 다채로운 네온 조명(Colorful Neon Lights)

4) 시네마틱 조명(Cinematic lighting)

시네마틱 조명은 특정 분위기 또는 효과를 만들기 위해 영화, 텔레비전 및 기타 시각 매체에서 조명을 사용하는 것을 의미한다. 장면의 감정적 영향을 강화하고 시각적인 흥미를 유발하며 묘사되는 이야기를 전달하는 데 도움을 준다. 또는 "Cinematography, film style"로 표현할 수 있다.

[예시]

시테마틱 조명, 무중력 환경, 우주선 안에 서 있는 여성

Cinematic lighting, a woman standing in a spaceship --ar 16:9

2. 대비(Contrast)

대비는 이미지의 요소 간 밝기, 색상 또는 시각적 가중치의 차이라고 볼 수 있다. 고 대비(high-contrast) 이미지는 더 드라마틱하고 대담하게 보이는 경향이 있는 반면, 저 대비(low contrast) 이미지는 더 부드럽고 차분하게 보인다.

1) 색조 대비(Tonal Contrast)
이미지의 밝기나 어둡기의 차이를 나타낸다.

[예시]
[1] 명백한 그림자와 밝은 하이라이트가 있는 고대비 흑백 인물 사진
a high-contrast black and white portrait with stark shadows
and bright highlights
[2] 부드럽고 음소거된 색조가 있는 낮은 대비의 몽환적인 풍경
a low-contrast, dreamy landscape with soft, muted tones

따라 하다 보면 나도 AI디자이너

2) 색상 대비(Color Contrast)

이미지의 요소 간 색상 차이를 나타낸다.

[예시]

[1] 푸른 하늘을 배경으로 한 붉은 장미의 생생한 고대비 이미지

a vibrant, high-contrast image of a red rose against a bright blue sky

[2] 다양한 파란색 음영이 있는 낮은 대비의 단색 도시 풍경

a low-contrast, monochromatic cityscape with varying shades of blue

3) 질감 대비(Textural Contrast)

이미지 질감의 차이를 나타낸다.

[예시]

부드럽고 광택이 나는 금속 손잡이와 대비되는 거칠고 풍화된 나무 문 클로즈업

a close-up of a rough, weathered wooden door contrasted against a smooth, glossy metal handle

a close-up of a rough, weathered wooden door
contrasted against a smooth, glossy metal handle

따라 하다 보면 나도 AI디자이너

3. 질감(Texture)

질감은 매끄러움, 거침, 부드럽거나 딱딱한 물체의 표면을 나타낸다. 프롬프트에 원하는 질감을 지정하면 원하는 질감을 얼마든지 표현할 수 있다.

1) 자연 질감(Natural Textures)

나무의 거친 껍질, 강돌의 매끈한 표면, 나비 날개의 복잡한 문양 등 자연에서 발견되는 질감을 말한다.

[예시] 나무껍질의 클로즈업(a close-up of a tree bark)

- 자연 질감 예시 : 나무껍질(Tree Bark), 바위와 돌(Rock and Stone), 물(Water), 모래와 토양(Sand and Soil), 잎과 잎새(Leaves and Foliage), 깃털과 모피(Feathers and Fur), 구름과 하늘(Clouds and Skies), 목재(Wood Grain), 얼음과 눈(Ice and Snow), 산호와 해양생물(Coral and Marine Life)

a close-up of a tree bark

2) 인조 질감(Man-Made Textures)

유광 대리석 상판의 매끈한 표면, 직물의 짜임새, 목각 조각의 정교한 디테일 등 인간이 만들어 낸 질감을 표현한다.

[예시] 대리석 커피 테이블(a close-up of glossy marble coffee table)

- 인조 질감 예시 : 대리석(glossy marble), 벽돌 및 석조물 (Brick and Masonry), 금속 표면(Metal Surfaces), Fabric and Textiles, 유리 및 세라믹(Glass and Ceramics), 페인트 및 아트워크(Paint and Artwork), 콘크리트 및 아스팔트 (Concrete and Asphalt), 목공 및 조각(Woodworking and Carvings), 종이 및 인쇄물(Paper and Print), 전자 장치의 표면(Technological Surfaces)

a close-up of glossy marble coffee table

04

도구
AI의 붓놀림으로
만드는 이미지

이미지의 스타일, 스케치 방식, 색상에 따라 느낌이 완전히 달라진다.

1. 표현 기법

이미지 생성 시 다양한 표현 기법을 입력할 수 있다. 프롬프트를 각 기법에 맞게 입력하면 재미있는 이미지를 뽑아낼 수 있다. 만약 수채화 기법으로 귀여운 여성의 이미지를 만들고 싶다고 가정해 보면 다음과 같다.

[예시]

수채화 스타일, 귀여운 여성

A watercolor style, cute women

따라 하다 보면 나도 AI디자이너

A watercolor style, cute women

명확하게 입력하려면 아래와 같이 스타일을 표기할 수 있다.

/imagine prompt 〈표현기법〉 style dog

- 표현 기법 예시

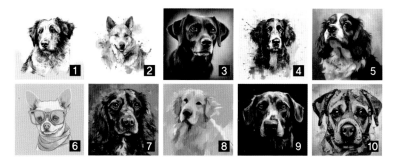

[1] 수채화(Watercolor) [2] 목탄(Charcoal) [3] 잉크(Ink) [4] 오일 페인트(Oil paint)
[5] 파스텔(Pastel) [6] 아크릴 페인트(Acrylic paint) [7] 구아체(Gouache)
[8] 디지털 아트(Digital art) [9] 콜라주(Collage) [10] 펜 및 잉크(Pen and ink)

2. 아트 스타일

고양이를 구체화하여 이미지를 생성한다고 가정해 보자. 다음과 같이 구체적인 프롬프트를 입력할 수 있다.

[예시]
고양이의 민첩성과 우아함의 진수를 담아낸 장난기 많은 고양이가 꼬리를 웅크린 채 우아하게 공중으로 뛰어오르는 미니멀리즘 팝 아트 스타일의 일러스트
minimalistic Pop Art style illustration of a playful cat gracefully leaping in the air with its tail curled, capturing the essence of feline agility and elegance

minimalistic pop art style illustration of a playful cat gracefully leaping in the air with its tail curled, capturing the essence of feline agility and elegance

따라 하다 보면 나도 AI디자이너

○ 미니멀리즘 팝 아트 스타일(Minimalistic pop art style) : 단순하고 깨끗하며 정돈된 스타일

○ 장난기 많은 고양이(Playful cat) : 이미지의 피사체로 장난스럽고 활기차게 묘사

○ 공중에서 도약(Leaping in the air) : 고양이가 수행하는 동작으로 민첩성

○ 테일 컬드(Tail curled) : 이미지에 움직임과 우아함을 더하는 시각적 디테일.

○ 고양이의 민첩성과 우아함의 정수(Essence of feline agility and elegance) : 이미지가 전달해야 하는 전반적인 주제와 느낌으로 고양이의 고유한 특성

- 아트 스타일 예시

[1] 라인아트(Line Art) [2] 기하학적 스타일(Geometric Style) [3] 점묘(Stippling)
[4] 큐비즘(Cubism) [5] 초현실주의(Surrealism) [6] 점묘법(Pointillism) [7] 팝아트(Pop Art)
[8] 인상주의(Impressionism) [9] 아르데코(Art Deco) [10] 포토리얼리즘(Photorealism)

3. 색상 톤

다양한 색상을 혼합해서 이미지의 감정과 분위기를 표현할 수 있다. 다음은 프롬프트에 색상 톤을 지정하는 몇 가지 예시다.

1) 따뜻한 색조(Warm Tones)

빨간색, 주황색, 노란색과 같은 색상을 사용하여 따뜻함, 에너지 또는 흥분감을 만들 수 있다.

[예시]

물에 반사되는 빨강, 주황 및 노랑의 따뜻한 색조와 함께 고요한 해변 위의 활기찬 일몰

A vibrant sunset over a tranquil beach, with warm tones of red, orange, and yellow reflecting on the water

2) 차가운 색조(Cool Tones)

파란색, 녹색, 보라색과 같은 색상을 통합하여 차분함, 평온함 또는 신비감을 전달한다.

[예시]

골짜기를 통해 흐르는 안개 낀 강과 함께 파란색과 보라색의 시원한 색조로 물든 고요한 산 풍경

A serene mountain landscape bathed in cool tones of blue and violet, with a misty river flowing through the valley

3) 단색(Monochromatic)

단일 색상의 다양한 색조와 색조를 사용하여 응집력 있고 조화로운 구성을 만든다.

[예시]

복잡한 건축물과 역동적인 스카이라인을 강조하는 파란색 음영의 단색 도시 풍경

A monochromatic cityscape in shades of blue, highlighting the intricate architecture and dynamic skyline

명확하게 입력하려면 아래와 같이 스타일을 표기할 수 있다.

/imagine prompt 〈색상 톤〉 colored cat

– 색상 톤 예시

[1] 따뜻한 색조(Warm Tones) [2] 차가운 색조(Cool Tones) [3] 단색(Monochromatic)
[4] 밀레니얼 핑크(Millennial Pink) [5] 애시드 그린(Acid Green)
[6] 불포화〈채도가 낮은〉(Desaturated) [7] 카나리아 옐로(Canary Yellow)
[8] 복숭아(Peach) [9] 투톤(Two Toned) [10] 모브〈연보라색〉(Mauve) [11] 흑단(Ebony)
[12] 중립적(Neutral) [13] 데이 글로(DayGlo) [14] 녹색 색조(Green Tinted)

0 5

촬영
사실적인 이미지를
생성하는 고급 기술

1. 촬영 각도

사진이나 영화 등의 촬영 기법 중에 중요한 요소의 하나로 촬영 각도가 있다.

카메라를 어느 각도로 배치하느냐에 따라서 화면에 어떤 시각적 효과와 감정을 전달할 수 있는지를 결정한다.

프롬프트를 만들 때도 마찬가지다. 원하는 촬영 각도에 시각적 효과나 심리적 효과 등을 효율적으로 전달하여 효과를 극대화할 수 있다. 프롬프트에 입력할 수 있는 몇 가지 촬영 각도는 다음과 같다.

1) 높은 각도(High angle)

이 각도는 위에서 아래로 바라보게 하여 더 작게 보이고 잠재적으로 취약하거나 중요하지 않게 보이는 효과를 적용할 수 있다.

[예시]

광활한 사막 풍경을 걷는 외로운 여행자의 높은 각도 샷

A high angle shot of a lone traveler walking through a vast desert landscape, emphasizing the immensity of their surroundings

2) 눈높이(Eye-level)

이 각도는 피사체와 같은 높이로 보는 사람이 장면의 일부인 것처럼 느끼게 하고 연결 또는 공감을 느낄 수 있다.

[예시]

별이 빛나는 하늘 아래 모닥불 주위에 모여 이야기와 웃음을 나누는 친구들의 눈높이 보기

An eye-level view of a group of friends gathered around a campfire, sharing stories and laughter under a starry sky

3) 낮은 각도(Low angle)

이 각도는 피사체 아래에 위치하여 피사체가 더 중요하고 강력하거나 지배적인 것처럼 보이게 한다.

[예시]

구름에 닿는 우뚝 솟은 마천루의 낮은 각도 샷으로 건축학적 장엄함과 웅장함

A low angle shot of a towering skyscraper reaching into the clouds, showcasing its architectural majesty and grandeur

2. 촬영 유형

1) 익스트림 클로즈업(ECU : Extreme close-up)

인물의 눈이나 입술 등의 특정 부위를 화면에 가득 차게 보여 준다. 사물이라면 작은 곤충 등을 확대해서 볼 수 있다.

[예시]

[1] 여성의 눈을 익스트림 클로즈업
A detailed extreme close-up of eye's young woman
[2] 화려한 해바라기에서 꿀을 수집하는 꿀벌의 디테일한 익스트림 클로즈업으로 꿀벌과 꽃의 복잡한 질감과 색상
A detailed extreme close-up of a honeybee collecting nectar from a vibrant sunflower, showcasing the intricate textures and colors of both the bee and the flower

2) 클로즈업(Close-up)

인물 사진을 찍을 때 피사체에서 두 발 정도 뒤로 물러나 어깨 윗부분을 촬영하는 것이다.

[예시]

부드럽게 흩날리는 머리카락으로 둘러싸인 그녀의 눈은 결단력과 희망으로 가득 차 먼 곳을 응시하는 젊은 여성의 얼굴을 클로즈업

A close-up of a young woman's face as she gazes into the distance, her eyes filled with determination and hope, framed by softly blowing strands of hair

3) 미디엄 샷(Medium shot, mid-shot, waist shot)

인물의 허리 위를 촬영하는 것으로 주로 배우를 촬영할 때 사용하는 방식이다. 대화하는 거리에서 보는 사람의 관점을 보여준다.

[예시]

분주한 주방에서 전문적으로 미식가 요리를 준비하는 과정에서 다양한 조리 도구와 재료로 둘러싸인 요리사의 미디엄 샷

A medium shot of a chef in a bustling kitchen, waist-deep in the process of expertly preparing a gourmet dish, surrounded by various cooking utensils and ingredients

따라 하다 보면 나도 AI디자이너

4) 롱 샷(Long shot, wide shot, full shot)

인물과 배경이 등장하지만, 인물이 배경에 비해 작게 표현된다.
배경이 어디인지 알려주는 기능을 한다.

[예시]
햇볕이 내리쬐는 공원에서 축구하는 가족의 모습을 담은 롱 샷으로 나무를
배경으로 공원을 찾는 사람들이 하루를 즐기는 모습
A long shot of a family playing soccer in a sun-drenched
park, capturing the full scene with trees in the background
and other park-goers enjoying the day

5) 익스트림 롱 샷(Extreme long shot, extreme wide shot)

인물이나 사물이 아주 작게 보이지만, 배경이 크게 나오도록 촬영하는 기법이다. 높은 건물이나 드론을 활용하여 촬영하는 효과를 볼 수 있다.

[예시]

바다의 규모와 아름다움을 강조하며 극적인 일몰 하늘을 배경으로 광활하고 탁 트인 바다를 항해하는 작은 범선의 익스트림 롱 샷

An extreme long shot of a small sailboat navigating through vast, open waters, set against a dramatic sunset sky, emphasizing the scale and beauty of the ocean

3. 촬영기법

1) 초상화(Portrait)

초상화 사진은 종종 조절된 조명, 포즈 및 배경을 사용하여 사람의 얼굴, 기분 및 성격을 포착한다. 전신 초상화를 만들고 싶을 때는 "Full-length portrait"로 입력하면 된다.

[예시]

하얀 정장을 입고 얼굴에 따뜻한 조명을 비추며 웃고 있는 노인의 스튜디오 초상화

A studio portrait of a smiling old man wearing white suit, warm lighting his facial features

2) 풍경(Landscape)

풍경 사진은 일반적으로 광대하고 경치 좋은 공간, 자연 요소 및 다양한 날씨 조건을 강조하며 야외 장면을 표현한다.

[예시]

해가 질 무렵의 산맥의 숨 막히는 풍경, 전경의 잔잔한 호수에 형형색색의 구름이 반사

A breathtaking landscape of a mountain range during sunset, with colorful clouds reflecting on a calm lake in the foreground

따라 하다 보면 나도 AI디자이너

3) 마이크로(Macro)

마이크로 사진은 작은 피사체를 클로즈업하여 촬영하는 것을 포함하며, 종종 육안으로는 볼 수 없는 복잡한 세부 사항을 보여준다.

[예시]

아침 햇살이 섬세한 가닥과 물방울을 비추는 이슬로 덮인 거미줄의 마이크로 샷
A macro shot of a dew-covered spider web, with morning sunlight illuminating the delicate strands and water droplet

4) 흑백(Black and White)

흑백 사진은 회색 음영을 사용하여 대비, 질감 및 형태를 강조하여 인상적인 이미지를 만든다.

[예시]

미래 도시의 그림자가 짙게 드리운 최첨단 건물의 흑백 이미지

Black and white images of state-of-the-art buildings with a deep shadow of the future city

5) 고속(High Speed)

고속 사진은 빠른 셔터 속도 또는 움직임을 고정하기 위한 특수 장비를 사용하여 빠르게 움직이는 피사체를 포착한다.

[예시]

[1] 영화 백 투 더 퓨처에 나오는 호버보드를 타는 사람의 빠른 움직임으로 배경이 흐릿해진 초고속 액션 장면
A high-speed action shot of a person riding a hoverboard from the movie Back to the Future, with the background blurred due to their rapid movemen
[2] 수영, 초고속 씬 85mm, f/1.4
swimming High-Speed Sync 85mm, f/1.4

6) 장시간 노출(Long Exposure)

장시긴 노출 사진은 느린 셔터 속도를 사용하여 빛의 흔적, 모션 블러 또는 기타 효과를 포착하는 것으로 종종 몽환적이고 예술적인 모습을 만든다.

[예시]

자동차 헤드라이트가 거리를 따라 한 줄의 빛을 형성하고 어두운 하늘을 배경으로 건물들이 조명되는 밤의 도시 풍경의 장시간 노출 사진

A long exposure shot of a cityscape at night, with car headlights forming streaks of light along the streets and the buildings illuminated against the dark sky

따라 하다 보면 나도 AI디자이너

7) HDR(High Dynamic Range)

HDR은 이미지의 색상 범위, 밝기 및 대비를 향상시키는 데 사용되는 기술이다. 장면의 어두운 부분과 밝은 부분 모두에서 더 많은 세부 사항을 캡처하여 보다 자세한 이미지를 보여준다.

[예시]

바다 위의 멋진 석양의 HDR 이미지, 하늘의 선명한 색상과 전경 바위 그림자
An HDR image of a stunning sunset over the ocean, with vibrant colors in the sky and details visible in the shadows of the foreground rocks

8) 캔디드 샷(Candid shot)

캔디드 샷은 종종 진정한 감정, 표현 또는 피험자 간의 상호 작용을 드러내면서 자세를 취하지 않고 자발적인 순간을 포착한다.

[예시]

함께 웃고 있는 아름다운 현대 한국 친구들의 솔직한 모습, 자연스러운 미소와 그들의 얼굴에 드러나는 진정한 기쁨

A candid shot of a beautiful modern korean friends smiling together, natural smiles and real joy evident on their face

4. 움직임(Movement)

1) 모션 블러(Motion Blur)

움직이는 물체를 느린 셔터 속도로 캡처하여 움직임과 속도감을 만든다.

[예시]

모션 블러 효과를 사용하여 도시 거리를 달리는 자전거 경주자

cyclist racing through a city street with motion blur effect

2) 느린 셔터 속도(Slow Shutter Speed)

느린 셔터 속도를 사용하여 정지 이미지에 움직임을 만든다.

[예시]

느린 셔터 속도로 인해 비단결처럼 매끄러운 모양의 폭포

a waterfall with a silky smooth appearance due to slow
shutter speed

3) 액션 샷(Action Shot)

격렬한 움직임이나 활동의 순간을 포착한다.

[예시]

공을 덩크 하는 농구 선수의 액션 샷

action shot of a basketball player dunking a ball

4) 줌 버스트(Zoom Burst)

사진을 찍을 때 줌인 또는 줌아웃하여 움직임과 에너지를 만들어 내는 기술이다.

[예시]

분주한 도시 스카이라인의 줌 버스트 효과

zoom burst effect of a bustling city skylin

따라 하다 보면 나도 AI디자이너

5) 트래킹 샷(Tracking Shot)

초점을 유지하면서 움직이는 피사체를 캡처하여 움직임과 속도감을 만든다.

[예시]

트랙 주위를 질주하는 경주용 자동차의 트래킹 샷

tracking shot of a race car speeding around a track

5. 관점(Perspective)

1) 조감도(Bird's eye view)

마치 날아가는 새가 보는 것처럼 높은 각도에서 바라본 뷰이다.

[예시]

분주한 도시 거리의 조감도

a bird's eye view of a bustling city street

따라 하다 보면 나도 AI디자이너

2) 웜의 눈도(Worm's eye view)

땅에 있는 벌레가 보는 것처럼 위를 올려다보는 아주 낮은 각도의 뷰이다.

[예시]

지렁이의 눈으로 본 우뚝 솟은 마천루

a worm's eye view of a towering skyscraper

3) 1인칭 시점(First-person perspective)

보는 사람이 직접 장면을 경험하는 것처럼 피사체의 관점에서 보는 것이다.

[예시]

스카이다이빙하는 사람의 1인칭 시점

a first-person perspective of someone skydiving

4) 3인칭 시점(Third-person perspective)

대상과 그 주변을 보여주는 외부 관찰자의 관점이다.

[예시]

숲을 탐험하는 등산객의 3인칭 시점

a third-person perspective of a hiker exploring a forest

5) 측면 각도 원근법(Side angle perspective)

피사체 또는 장면의 측면에서 본 뷰이다.

[예시]

마라톤 경주의 측면 각도 원근법

a side angle perspective of a marathon race

6) 하향식 원근법(Top-down perspective)

위에서 대상이나 장면을 똑바로 내려다보는 관점이다.

[예시]

모래 해변에 있는 다채로운 우산의 하향식 관점

a top-down perspective of a colorful umbrella on a sandy
beach

7) 상향식 관점(Bottom-up perspective)

피사체나 장면 아래에서 똑바로 올려다보는 관점이다.

[예시]

비행하는 열기구의 상향식 관점

a bottom-up perspective of a hot air balloon taking flight

8) 등각 원근법(Isometric perspective)

깊이와 차원을 만드는 평행선이 있는 관점이다.

[예시]

미래 도시 경관의 등각 원근법

an isometric perspective of a futuristic cityscape

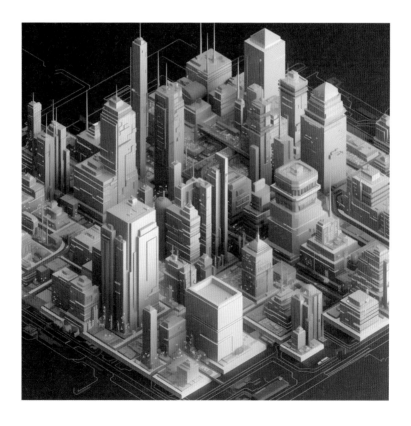

6. 기타

1) 높은 디테일(High detail, hyper-detailed, exquisite detail)

매우 높은 수준의 디테일을 가진 이미지를 생생하고 보다 다채롭게 표현할 수 있다. 이러한 이미지는 일반적으로 고해상도 기술과 복잡한 질감을 사용하여 미세한 세부 사항을 표현할 수 있다.

[예시]

[1] 장정에 진열된 수많은 책들로 가득 찬 아름다운 고대 도서관, 세심하게 제작된 책장, 방을 가로질러 따뜻한 빛을 비추는 장식적인 샹들리에에, 정교한 세부 사항

A beautiful ancient library filled with countless books, each displaying in their bindings, the carefully crafted bookshelves, and the ornate chandelier casting warm light across the room, exquisite detail

[2] 다채로운 산호 구조물, 다양한 어종, 수중 식물의 섬세한 흔들림 등 생명이 넘치는 활기찬 수중 세계, 섬세한 디테일

A vibrant underwater world, teeming with life, including the myriad of colorful coral structures, a diverse array of fish species, and the delicate sway of underwater plants, exquisite detail

2) 사실적(Photo-realistic, Photograph, Hyper realistic photograph)

사실적(Photo-realism)인 실제 장면이나 물체와 매우 흡사한 이미지나 아트워크를 말하며 굉장히 정교한 이미지를 만들어 준다. 사실적인 이미지는 고급 렌더링 기술, 고해상도 텍스처 및 정확한 조명 모델을 사용하여 실제 개체 또는 장면의 모양을 만들어 낸다. 이러한 수준의 리얼리즘은 디지털 아트, 사진, 전통 회화 등 다양한 매체에서 활용된다.

[예시]

[1] 사실적인 스타일, 정교한 디테일, 야생 호랑이 클로즈업, 복잡한 모피 패턴, 날카로운 눈의 힘, 미묘한 근육 움직임

photo-realistic style, exquisite detail, close-up of tigers in the wild, complex patterns of fur, sharp eye strength, subtle movements of muscles

[2] 사진과 같은 사실적인 스타일, 린넨 식탁보의 질감, 은식기의 빛, 연회를 위해 배치된 음식과 음료의 풍부한 색상, 식탁 세트의 정물

photographic realistic style, the texture of the linen tablecloth, the light of the silverware, the rich colors of the food and drink arranged for the banquet, and the still life of the table set

3) 폴라로이드(Polaroid)

폴라로이드는 즉석카메라 및 관련 사진 필름의 일종이다. 약간 바래거나 부드러운 색상이 특징이다. 향수를 불러일으키고 클래식하면서 빈티지한 느낌을 준다.

폴라로이드 이미지, 비 오는 날의 번화한 도시 거리, 행인들의 우산이 화려한 모자이크, 회색 배경, 젖은 포장도로에 비친 모습, 꿈같은 품질
polaroid image, a busy city street on a rainy day, passers-by's umbrellas create colorful mosaics, gray background, the reflection on the wet pavement, dreamlike quality

06

그래픽
인위적인 픽셀의 완벽함

1. 그래픽 엔진(Graphic Engine)

　게임 엔진 또는 렌더링 엔진이라고도 하는 그래픽 엔진은 화면에 이미지, 애니메이션 및 시각 효과를 만들고 표시하는 데 도움이 되는 소프트웨어다. 조명, 질감 및 3D 모델과 같은 복잡한 작업을 관리하는 기능을 제공한다. 그래픽 엔진으로 비디오 게임이나 컴퓨터 그래픽을 만들기 쉽게 해준다. 간단히 말해서 그래픽 엔진은 아이디어를 넣어주면 시각적으로 각 특성에 맞게 이미지로 변환해 주는 것이다.

1) 유니티(Unity)

2D, 3D 및 가상 현실 게임 및 애플리케이션 개발에 널리 사용되는 게임 엔진이다.

[예시]

[1] 고객과 다양한 장식으로 가득한 커피숍의 아늑한 저 폴리 3D 인테리어 장면, 유니티 엔진

a cozy, low-poly 3D interior scene of a coffee shop filled with customers and various decorations, Unity Engine

[2] 세부적인 건물, 다양한 보행자 및 활기찬 색상, 3D 장면, Unity 엔진이 특징인 분주한 도시 거리

Busy city streets featuring detailed buildings, diverse pedestrians and vibrant colors, 3D scenes, Unity engine

2) 언리얼 엔진(Unreal Engine)

고품질 그래픽과 고급 도구로 유명한 강력한 게임 엔진으로 전문가 수준의 게임과 시각화 이미지를 만드는 데 사용된다.

[예시]

역동적인 조명과 날씨, 놀라울 정도로 사실적인 산의 풍경, 언리얼 엔진
Dynamic lighting and weather, stunningly realistic mountain
scenery, Unreal engine

3) 블렌더(Blender)

아티스트와 개발자가 3D 모델, 애니메이션 및 게임을 만드는 데 사용하는 무료 오픈 소스이다.

[예시]

블렌더 엔진, 활기찬 네온 불빛을 반사하는 우뚝 솟은 고층 건물, 자율주행차로 가득 찬 분주한 거리, 공중을 맴도는 드론, 미래형 3D 도시 경관 Blender Engine, towering skyscrapers reflecting vibrant neon lights, busy streets filled with self-driving cars, drones hovering in the air, futuristic 3D cityscape

4) 고도(Godot)

2D 및 3D 게임 개발을 모두 지원하는 오픈 소스 게임 엔진이다.

[예시]

떠다니는 섬과 마법의 생물, 움직이는 플랫폼과 숨겨진 통로와 같은 상호작
용적인 요소들, 다채로운 숲 환경, 고도 엔진

Interactive elements such as floating islands and magical
creatures, moving platforms and hidden passages, colorful
forest environments, Godot engines

5) 크라이엔진(CryEngine)

상당한 비주얼과 강력한 성능으로 유명한 게임 엔진이다. Crysis 시리즈 및 Far Cry 시리즈를 비롯한 여러 유명 게임에 사용된다.

[예시]

울창한 숲, 복잡한 동굴, 역동적인 기상 조건, 크라이 엔진

Lush forests, complex cave, dynamic weather conditions, cry engines

2. 해상도

해상도는 텔레비전, 모니터 및 프로젝터와 같은 디지털 화면의 디스플레이 해상도를 의미한다. 이러한 해상도는 포함된 아주 작은 픽셀 수로 정의되며, 픽셀 수가 높을수록 선명도가 향상된다.

1) 4K

UHD(Ultra High Definition)라고도 하는 4K 해상도는 3840 × 2160 픽셀이다. 즉, 4K 화면은 가로 3840픽셀, 세로 2160픽셀로 총 약 830만 픽셀이 된다. "4K"라는 용어는 가로 해상도가 4000픽셀에 가깝다는 의미에서 유래했다. 4K 해상도는 이전 표준 FHD(Full High Definition) 해상도(1920 × 1080픽셀)에 비해 훨씬 높은 수준의 디테일과 선명도를 제공한다.

[예시]

매혹적인 눈빛과 빛나는 미소로 아름다운 여성, 우아하게 옷을 입고 화려한 꽃이 가득한 울창한 정원에 서 있다. 4K

A beautiful woman with charming eyes and a shining smile, dressed gracefully and standing in a dense garden full of colorful flowers. 4K

2) 8K

Super Hi-Vision이라고도 하는 8K 해상도는 7680 x 4320픽셀이다. 즉, 8K 화면은 가로 7680픽셀, 세로 4320픽셀로 총 약 3320만 픽셀이다. 가로 해상도가 8000픽셀에 가깝기 때문에 "8K"라는 용어를 사용한다. 8K 해상도는 4K에 비해 픽셀 수가 4배 더 많아 훨씬 높은 수준의 디테일과 선명도를 제공한다.

[예시]

매혹적인 눈빛과 빛나는 미소로 아름다운 여성, 우아하게 옷을 입고 화려한 꽃이 가득한 울창한 정원에 서 있다. 8K

A beautiful woman with charming eyes and a shining smile, dressed gracefully and standing in a dense garden full of colorful flowers. 8K

따라 하다 보면 나도 AI디자이너

07

그림체
스케치에서 걸작으로

1. 현대적 스타일

1) 스케치(Sketch)

주제의 본질을 포착하는 거칠고 정제되지 않은 그림으로, 종종 창작 과정의 예비 단계로 사용된다.

[예시]

[1] 스케치 스타일, 느슨하고 번화한 도시 거리를 연출하여 보행자의 움직임, 에너지, 지나가는 차량

sketch style, Produce a loose, a bustling city street, capturing the movement, energy of pedestrians, vehicles passing by

[2] 스케치 스타일, 꽃잎, 잎, 줄기의 복잡한 디테일로 섬세하고 식물적인 꽃꽂이로 포인트를 강조

Sketch style, complex details of petals, leaves, and stems highlighted with fine lines, delicate and botanical flower arrangement

따라 하다 보면 나도 AI디자이너

2) 추상화(Abstract)

아이디어, 감정 또는 개념을 전달하기 위해 모양, 색상 및 형태를 사용하여 현실과 거리감 있는 이미지를 만든다.

[예시]

[1] 추상적인 스타일, 초현실적인, 다른 세계에서의 모험, 꿈의 풍경, 예상치 못한 조합

Abstract style, surreal, adventures in another world, dreamscape, unexpected combination

[2] 추상적인 스타일, 음악의 에너지와 움직임을 표현, 선명한 색상, 리듬감 있는 패턴, 매혹적인 질감

Abstract style, expression of the energy and movement of music, vivid colors, rhythmic patterns, fascinating texture

4) 컨셉 아트(Concept Art)

일반적으로 영화, 비디오 게임 또는 기타 창의적인 프로젝트 개발에 사용되는 아이디어나 개념을 시각화하는 일러스트레이션 형식이다.

[예시]

[1] 컨셉 아트, 바다의 깊이와 아름다움을 반영하는 상상의 건축물, 활기찬 수중 생물, 수중 문명

Concept art, imaginary structures reflecting the depth and beauty of the sea, vibrant aquatic life, underwater civilization

[2] 컨셉 아트, 문명의 잔재, 황량한 풍경, 가혹한 현실을 헤쳐나가는 생존자들, 포스트 아포칼립스 세계

Concept art, remnants of civilization, desolate landscapes, survivors of harsh reality, post-apocalyptic world

5) 미니멀리스트(Minimalist)

의미를 전달하거나 감정을 불러일으키기 위해 제한된 색상 팔레트, 깔끔한 선 및 기본 모양을 사용하여 단순함에 중점을 둔 스타일이다.

[예시]

[1] 자연에서 영감을 받은 기호, 깔끔한 타이포그래피, 차분한 색상, 최소한의 친환경 브랜드 로고
Nature-inspired symbols, neat typography, calm colors, minimal eco-friendly brand logo
[2] 앨범 커버, 눈길을 끄는 그래픽 요소, 매력적인 미니멀리스트 인디 밴드
Album covers, eye-catching graphic elements, attractive minimalist indie bands

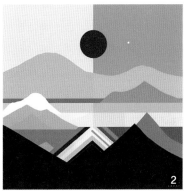

8) 캐릭터 디자인(Character design)

비디오 게임, 애니메이션, 만화책 등에 등장하는 캐릭터를 디자인하는 것으로 외적인 모습 및 특징을 디자인한다.

[예시]

[1] 창의적인 역학, 혁신과 발견, 독특한 색상 팔레트, 스팀펑크 발명가, 매력적인 캐릭터 디자인

Creative mechanics, innovation and discovery, unique color palettes, steampunk inventor, attractive character design

[2] 캐릭터 컨셉, 뷰티 소서, 뷰티 소서가 사용하는 도구 포함

character concept, beauty sorcere, Includes tools used by beauty sorcere

2. 만화 스타일

1) 코믹북 아트(Comic book art)

슈퍼히어로 만화와 그래픽 소설에서 일반적으로 사용되는 역동적인 패널, 대담한 색상 및 표현력 있는 캐릭터가 특징인 스타일이다.

[예시]

[1] 뛰어난 색상, 드라마틱한 원근법, 강력한 라인 워크, 번화한 대도시 상공을 나는 아이들, 만화책 아트 커버

Outstanding colors, dramatic perspective, powerful linework, kids flying in the sky over bustling metropolis, comic book art cover

[2] 만화책 아트, 귀여운 고양이, 역동적인 액션, 자세한 배경

Comic book art, cute cat, dynamic action, detailed background

2) 카툰(Cartoon)

만화, 애니메이션 및 캐리커처에서 일반적으로 사용되는 단순화된 이미지로 종종 유머러스하거나 과장된 캐릭터 또는 개체를 표현한다.

[예시]

[1] 카툰 스타일, 신비로운 정글 탐험, 용감한 영웅, 이국적인 생명체, 활기찬 색상, 표현력 있는 캐릭터, 역동적인 구성, 스릴 넘치는 액션

Cartoon style, Exploring the mysterious jungle, brave heroes, exotic creatures, vibrant colors, expressive characters, dynamic composition, thrilling action

[2] 선명한 색 구성, 상상력이 풍부한 모양, 환상적인 생명체, 매혹적인 건축물, 활기찬 식물 생명체, 마법의 왕국, 카툰 스타일

Brilliant color scheme, imaginative shape, fantastic life, fascinating architecture, vibrant plant life, magical kingdom, cartoon style

3) 에니메, 망가(Anime, Manga)

섬세한 표현, 생생한 색상, 다양한 캐릭터 디자인으로 유명한 일본 애니메이션 스타일로, 종종 독특하고 양식화된 얼굴이 특징이다.

[예시]

[1] 애니메이션 스타일, 개성과 개성이 돋보이는 캐릭터, 카페 인테리어, 부드러운 조명, 세련된 공간, 따뜻한 분위기, 생생한 대화
Anime style, characters with unique style and personality, cafe interior, soft lighting, stylish space, warm atmosphere, lively conversation
[2] 애니메이션 스타일, 매력적인 여자, 붐비는 거리
Anime Style, charming woman, Busy Street

5) 일러스트레이션(Illustration)

책, 잡지 및 광고에서 자주 볼 수 있는 이미지로 주제를 명확하게 설명하고자 할 때 사용하는 시각적 표현 방식이다.

[예시]

[1] 로봇과 우주선, 서양의 일러스트, 매혹적인 도시 풍경

Robots and spacecraft, Western illustrations, fascinating cityscape

[2] 매혹적인 숲, 신화적인 생물, 동양적인 일러스트 스타일

Enchanted Forest, Mythical Creatures, Oriental Illustration Style

6) 픽사(Pixar)

Pixar Animation Studios의 독특한 애니메이션 스타일로 사실적인 질감과 조명, 양식화된 캐릭터 디자인 및 매력적인 조화로 유명하다.

[예시]

[1] 픽사 스타일, 세상에서 잊힌 기술 속의 미래형 로봇 러브 스토리
Pixar style, Futuristic Robot Love Story, in a World Forgotten Technology

[2] 픽사 스타일, 파리지앵 레스토랑의 주방, 고급 식사를 요리하는 셰프 기린
Pixar style, kitchen in Parisian restaurant, chef giraffe who cooks gourmet meals

7) 스튜디오 지브리(Studio Ghibli)

일본의 유명한 애니메이션 스튜디오의 독특한 애니메이션 스타일로 손으로 그린 디테일한 삽화, 유동적인 애니메이션, 상상력이 풍부하고 환상적인 세계가 특징이다.

[예시]

[1] 스튜디오 지브리 스타일, 몽환적인 시계탑 속 환상의 세계, 신비한 생명체
Studio Ghibli style, a fantasy world in a dreamy clock tower, mysterious creatures

[2] 스튜디오 지브리 스타일, 평행 세계를 발견, 마법의 부적을 가진 어린 소녀
Studio Ghibli style discovers parallel worlds, young girl with magic talis

※ 픽사, 스튜디오 지브리처럼 특정 그림체의 프롬프트를 입력할 경우 저작권 문제가 발생할 수 있기 때문에 연습용으로만 활용

따라 하다 보면 나도 AI디자이너

8) 2D 스타일(2D style)

2D 스타일에서 이미지는 높이와 너비만 있고 깊이는 없는 평면에 표시된다. 이것은 전통적인 애니메이션, 일러스트레이션, 그래픽 디자인 및 디지털 아트와 같은 다양한 형태의 예술 및 디자인에서 자주 사용된다.

[예시]

[1] 떠다니는 마법의 섬, 2D 스타일

Floating Magic Island, 2D Style

[2] 분주한 시장, 분주한 거리, 우뚝 솟은 고층 빌딩, 2D 스타일의 도시 경관

Busy markets, busy streets, towering skyscrapers, 2D style cityscape

9) 픽셀 아트(Pixel Art)

향수를 불러일으키는 고전적인 이미지로, 정사각형 픽셀을 활용하여 초기 비디오 게임 그래픽의 모양을 디자인하는 스타일이다.

[예시]

[1] 픽셀 아트 빌리지 장면, 마을 사람들, 진기한 집, 활기찬 시장
pixel art village scene, villagers, quaint houses, lively marketplace

[2] 2D 스타일 픽셀 아트 우주 전투, 픽셀 우주선, 폭발, 소행성 필드
2D-style pixel art space battle, pixel spaceships, explosions, asteroid fields

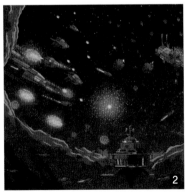

10) 플랫 디자인(Flat design)

플랫 디자인은 단순함, 깔끔한 인터페이스, 알아보기 쉬운 요소를 우선시하는 2차원 디자인 접근 방식이다. 그림자, 경사, 그라데이션과 같은 복잡한 그래픽 효과를 제거하고, 심플한 이미지에 중점을 둔 디자인이다. 아이콘 이미지에 많이 활용한다.

[예시]

[1] 플랫 디자인, 컴퓨터

Flat design, computer

[2] 리얼 플랫 스토리지 서버

real flat design, storage server

11) 레트로(Retro)

1950~1960년대와 같은 과거 미학에서 영감을 얻은 아트 스타일이다.

[예시]

[1] 빈티지 가구, 복고풍, 거실 인테리어

vintage furniture, retro style, living room interior

[2] 고전적인 우주 시대, 레트로 SF 영화 포스터

Retro SF movie poster, classic space age

12) 8bit, 16bit(8비트, 16비트)

초기 비디오 게임 그래픽과 관련된 시각적 미학을 나타낸다. 이러한 스타일은 제한된 색상, 픽셀화된 디자인 및 단순한 기하학적 모양을 사용하는 것이 특징이다. 8비트 스타일 이미지는 적은 수의 색상(256색으로 제한)이고, 16비트 스타일 이미지는 8비트에 비해 색상 수가 더 많고(최대 65,536색) 픽셀이 더 미세하여 모양이 더 고급스럽고 디테일하다.

[예시]

[1] 카페, 식음료, 8비트 스타일
Cafe, Food and Beverage, 8-bit Style
[2] 카페, 식음료, 16비트 스타일
Cafe, Food and Beverage, 16-bit Style

12) 벡터 아트(Vector art)

그래픽 디자인, 로고 디자인 및 웹 디자인에 자주 사용되는 선명하고 확장 가능한 이미지를 만들기 위해 기하학적 모양과 경로를 사용하는 스타일이다.

[예시]

[1] 벡터 아트, 네온 불빛이 있는 미래 도시, 스카이라인

Vector Art, Future City with Neon Lights, Skyline

[2] 벡터 아트, 사막 고속도로를 달리는 스포츠카

Vector Art, a sports car running on a desert highway

3. 시간 여행

1) 연도별 스타일

프롬프트에 연도를 입력하면 그 시대에 맞는 스타일의 이미지를 만들 수 있다. 다양한 시대의 예술, 디자인, 역사 등을 표현할 때 유용하다.

[예시]

[1] 1700년대 타임스퀘어, 세부사항, 일러스트 스타일, 미국

1700s Times Square, exclusive detail, Illustration Style, United State

[1] 1700s [2] 1800s [3] 1900s [4] 1950s [5] 1960s
[6] 1970s [7] 1980s [8] 1990s [9] 2000s [10] 2020s

2) 나이별 스타일

캐릭터의 연령대를 설정할 때 어린이, 청년, 노인 등으로 입력할 수 있다. 하지만 같은 청년이라 하더라도 10살, 15살, 19살 등 미묘한 차이를 살리고 싶을 때가 있다. 이때는 나이를 설정하면 그 나이에 맞는 좀 더 정확한 캐릭터의 모습을 만들어 낼 수 있다.

[예시]

[7] 하얀 티셔츠를 입고 따뜻한 조명을 받으며 웃는 20대 아름다운 여자, 스튜디오 초상화

Beautiful woman in her 20s smiling in warm light in a white T-shirt, studio portrait

[1] 80대 [2] 70대 [3] 60대 [4] 50대 [5] 40대 [6] 30대 [7] 20대 [8] 15세 [9] 10세 [10] 3세

08

파라미터
이렇게 저렇게
조몰락거리는 기술

파라미터란?

미드저니에서 파라미터는 이미지 생성 시 기본적인 설정을 입력하는 기능이다. 프롬프트에서 표현하지 못하는 이미지의 일관적인 설정값을 표현할 수 있다. 예를 들어 이미지의 화면 비율, 화질, 가중치 등이 있다. 일관성 있는 이미지를 얻기 위해서는 파라미터를 잘 사용할 수 있어야 한다.

[파라미터의 기본 구조]

/imagine prompt : 프롬프트 -- 〈파라미터 이름〉〈값〉

1. 종횡비(Aspect Ratio)(--ar, --aspect)

이미지의 가로와 세로 비율을 설정해 준다. --ar 또는

--aspect 로 입력할 수 있다. 입력하는 형식은 "--ar 가로:세로"
이다. 일반적으로 인스타는 4:5, 유튜브나 홈페이지 16:9, 스마트
폰은 9:16의 비율로 설정한다. 별도로 --ar을 설정하지 않으면 기
본 1:1 비율로 이미지가 생성된다.

[예시]

Real estate photography of the house of your dreams
Rationalist architecture, natural lighting, ultra - wide
shot, shot on Sony Alpha, 25mm lens --ar 16:9

비율	내용
1:1	기본 종횡비(페이스북 등 정사각형 이미지에 일반적으로 사용)
3:2	일반적인 인쇄 사진(35mm 필름 카메라의 화면 비율과 유사)
4:5	인물 사진에 자주 사용되는 세로 비율
9:16	소셜 미디어의 세로 영상에 사용(인스타그램 스토리, 틱톡, 스냅챗)
16:9	YouTube, Vimeo, Netflix 등 온라인 플랫폼의 표준 비율
21:9	울트라 와이드스크린 모니터 및 영화관에서 사용되는 비율

2. 카오스(-- chaos / --c) <0~100>

이미지 생성 과정에서 임의적인 변화를 설정한다. 즉 AI에 자유도를 설정해 주는 것이다. 카오스값이 높을수록 AI가 자유롭게 이미지를 생성하고, 낮을수록 내가 입력한 프롬프트에 충실하게 이미지를 만들어 준다. 다양한 스타일의 이미지를 생성해 보고 싶다면 유용한 파라미터다. 설정값은 0~100까지 지정할 수 있으며 기본값은 0으로 세팅되어 있다.

[예시]

[1] Real estate photography of the house of your dreams Rationalist architecture, natural lighting, ultra - wide shot, shot on Sony Alpha, 25mm lens --ar 16:9 --c 0

[2] Real estate photography of the house of your dreams Rationalist architecture, natural lighting, ultra - wide shot, shot on Sony Alpha, 25mm lens --ar 16:9 --c 80

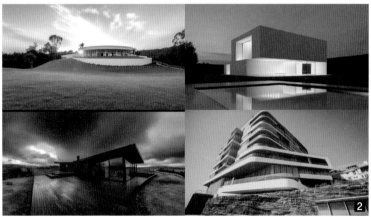

[1] 카오스 0 [2] 카오스 80

3. 품질(--quality / --q) 〈0.25~2〉

생성된 이미지의 품질을 조정한다. 값이 높을수록 품질과 디테일이 향상되지만 생성하는 데 시간이 더 오래 걸릴 수 있다. 고품질 설정을 사용한다고 해서 항상 더 나은 결과가 보장되는 것은 아니다. 만들려는 이미지 유형에 따라 낮은 품질 설정이 더 괜찮은 이미지를 만들어 내기도 한다. 추상적 모양의 경우 품질을 낮게 설정하면 더 좋은 결과가 나오기도 한다. 반면 품질을 높게 설정하면 세부 묘사가 많은 건축 이미지는 더 좋은 결과물을 얻을 수 있다. 따라서 생성하려는 이미지 유형에 맞는 설정을 선택하는 것이 중요하다. 입력하는 형식은 "-- quality 〈설정값〉"이다. 기본값은 1이며 0.25~2까지 설정 가능하다.

[예시]

[1] Cherry Blossom, Illustration Style --q 0.25

[2] Cherry Blossom, Illustration Style --q 0.5

[3] Cherry Blossom, Illustration Style --q 1

[4] Cherry Blossom, Illustration Style --q 2

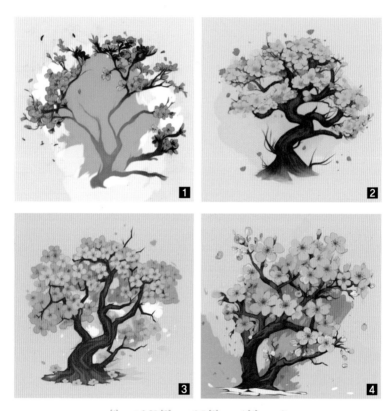

[1] --q 0.25 [2] --q 0.5 [3] --q 1 [4] --q 2

4. Stylize(--s) ⟨0~1000⟩

　　Stylize 값을 낮게 설정하면 단순한 이미지를 생성하는 반면, 높게 설정하면 더 세부적인 이미지를 생성할 수 있다. --stylize 의 기본값은 100이며, 버전 4, 5(--v4, --v5)에서는 0에서 1,000까지의 값을 설정할 수 있다.

[예시]

햇빛에 젖은 길, 금빛으로 물든 형형색색의 야생화, 고요한 숲

[1] sun-drenched roads, gold-colored wildflowers, tranquil forests, Canon EOS, --v5 --ar 3:2 --s 0

[2] sun-drenched roads, gold-colored wildflowers, tranquil forests, Canon EOS, --v5 --ar 3:2 --s 100

[3] sun-drenched roads, gold-colored wildflowers, tranquil forests, Canon EOS, --v5 --ar 3:2 --s 1000

[1] Stylize 0 [2] Stylize 100 [3] Stylize 1000

따라 하다 보면 나도 AI디자이너

5. Creative(--creative)

AI가 더 창의적이고 참신한 결과물을 생성하도록 허용해 주는 파라미터이다. test 버전과 같이 사용할 수 있는데 더욱 창의적으로 작업을 하도록 명령하는 기능을 한다.

[예시]

sun-drenched roads, gold-colored wildflowers, tranquil forests, Canon EOS, --ar 3:2 --test --creative --v 5

6. 이미지 가중치(Image Weights)(--iw) ⟨0.5~2⟩

생성된 이미지에 대한 이미지 프롬프트의 영향을 조정한다. 값이 높을수록 이미지 프롬프트에 더 많은 가중치를 부여한다. --iw의 기본값은 0.5이고, 2까지 적용할 수 있다.(MJ version 5에서 사용 가능) 다시 말해 --iw 값이 높을수록 이미지 원본을 더 유지하라는 뜻이다. 반대로 --iw 값이 낮을수록 이미지보다 프롬프트를 더 적용하라는 의미다.

[예시]

[1] ultra realistic, 4K, A close-up of a shiny red apple on a wooden table, black background, studio style shooting, sharp focus, epic, high definition

[2] ⟨이미지 링크주소⟩ Crystal apple --iw 2 --v 5

[3] ⟨이미지 링크주소⟩ Crystal apple --iw 1.5 --v 5

[4] ⟨이미지 링크주소⟩ Crystal apple --iw 1 --v 5

[5] ⟨이미지 링크주소⟩ Crystal apple --iw 0.5 --v 5

[1] 사과 이미지 원본 [2] 가중치 2 [3] 가중치 1.5 [4] 가중치 1 [5] 가중치 0.5

2023년 6월 삼성생명에서 업계 최초로 '100% AI 기반 광고'를 공개했다. 일반적 모델 섭외 및 전형적인 촬영 진행 방식에서 벗어난 광고였다. 영상의 모든 이미지와 배경음악까지 다양한 AI 프로그램과 툴을 활용해 업계 최초로 '100% AI 기반 광고'를 제작한 것이다.

삼성생명에서는 "이번 광고에서 인물의 다양한 표정과 세부적인 표현을 위해 3개월간 총 1만 장이 넘는 AI 프로그램 생성 이미지를 만들어 냈다."고 밝혔다. 광고에 등장하는 총 29컷의 이미지는 이미지 생성 AI 프로그램 미드저니(Midjourney)로 그렸다고 한다.

이처럼 한발 앞서간 기업은 AI 이미지 생성 기술을 비즈니스에 적용하기 시작했다. 일반적으로 광고 제작을 위해서는 스토리 제작, 모델 섭외, 촬영, 편집, 그래픽 디자인, 음악 등 콘텐츠를 제작한다. 그러나 AI 이미지 생성 플랫폼을 이용하면 앞의 모델 섭외, 촬영, 편집 등의 비용과 시간을 확 줄일 수 있다.

미드저니를 활용한 삼성생명 광고 이미지

변화는 이미 시작됐다. 이 책을 쓰면서 AI디자인에 대한 무한한 가능성을 더욱더 실감하게 되었다. 또한, 원고 편집 과정을 거치면서 AI 이미지 생성 플랫폼에 계속 업그레이드 버전이 나와 여러 번 원고를 수정을 진행했다. 그만큼 AI의 진화 속도는 지금까지의 발전 속도와는 비교도 되지 않는다는 의미다. 변화 속에서 우리는 새로운 기회를 잡아야 한다.

누구든 이 책의 내용을 따라 하다 보면 '프롬프트 엔지니어' 또는 '프롬프트 디자이너'로서 그동안 하지 못했던 다양한 도전이 가능해진다. 다양한 활용 분야와 수익화 방법에 대해서는 2권에서 좀 더 자세히 다루어 보겠다.

《따라 하다 보면 나도 AI디자이너2》에서는 프롬프트 엔지니어의 세계, 다양한 비즈니스 분야에서의 활용 방법, 자본이 없어도 컴퓨터만 있으면 수익화할 수 있는 방법 등 실전에서 직접 활용할 수 있는 알찬 내용이 들어 있다.

이 분야는 블루오션이다. 워낙 활용할 수 있는 분야가 무궁무진하기 때문에 지금 당장 시작하면 남보다 앞서갈 수 있다. 앞으로의 길은 흥미진진하고 무한한 기회로 가득 차 있다. AI디자인의 진정한 힘을 활용하기 위한 우리의 여정은 2권에서 계속된다. AI를 이용한 우리의 모험은 이제 막 시작되었다.

따라 하다 보면
나도 AI디자이너

초판 1쇄 인쇄 2023년 9월 5일
1쇄 발행 2023년 9월 15일

지은이 양현진
펴낸이 전지윤
편집총괄 신지은
디자인 박정호

펴낸곳 리드썸
출판등록 2023년 8월 11일
신고번호 제 2023-000055호
주소 경기도 화성시 동탄대로 683, SH스퀘어2 203호
이메일 readsome@naver.com

ISBN 979-11-984369-1-7 (13190)